纪检监察
办案取证指南

李亚群　卓翔　著

Guidelines for Discipline Inspection and Supervision
Case Handling and Evidence Collection

法律出版社
LAW PRESS·CHINA
——北京——

图书在版编目(CIP)数据

纪检监察办案取证指南 / 李亚群，卓翔著. -- 北京：法律出版社，2024
ISBN 978-7-5197-8731-8

Ⅰ. ①纪… Ⅱ. ①李… ②卓… Ⅲ. ①中国共产党-纪律检查-工作②行政-监察-工作-中国 Ⅳ. ①D262.6②D630.9

中国国家版本馆 CIP 数据核字(2024)第 011482 号

纪检监察办案取证指南
JIJIAN JIANCHA BAN'AN QUZHENG ZHINAN

李亚群 卓 翔 著

责任编辑 孙 慧
装帧设计 李 瞻

出版发行 法律出版社
编辑统筹 司法实务出版分社
责任校对 李慧艳
责任印制 胡晓雅
经　　销 新华书店

开本 A5
印张 9.375　**字数** 165 千
版本 2024 年 3 月第 1 版
印次 2024 年 3 月第 1 次印刷
印刷 三河市兴达印务有限公司

地址:北京市丰台区莲花池西里 7 号(100073)
网址:www.lawpress.com.cn
投稿邮箱:info@lawpress.com.cn
举报盗版邮箱:jbwq@lawpress.com.cn

销售电话:010-83938349
客服电话:010-83938350
咨询电话:010-63939796

书号:ISBN 978-7-5197-8731-8　**定价**:58.00 元
凡购买本社图书,如有印装错误,我社负责退换。电话:010-83938349

前　言

纪检监察机关审查调查工作政治性、政策性强，法治化、专业化要求高，是个细活难活，做到“事实清楚、证据确凿、定性准确、处理恰当、手续完备、程序合规”，是做好审查调查工作的重要要求。收集固定证据是审查调查的基础性工作，证据问题是决定案件质量的基础性因素。随着国家监察体制改革不断深化，在审查调查中，既要按照党内法规关于案件检查证据的要求，又要贯彻落实《中华人民共和国监察法》“监察机关在收集、固定、审查、运用证据时，应当与刑事审判关于证据的要求和标准相一致”的要求，从收集、固定证据开始，就坚守案件质量这个根本，增强证据意识，把好证据关，实现纪法贯通、法法衔接，确保纪检监察机关查办案件经得起实践、历史、人民的检验，达到审查调查工作政治效果、纪法效果、社会效果的有机统一。

本书主要对纪检监察机关审查调查证据的基本理论进

行梳理，对审查调查工作中常用的言词类证据、客观类证据、描述类证据的收集与运用进行阐释，同时还对常见职务犯罪的取证要点以及审查调查证据收集、固定中常见的问题进行归纳、概括、解析，力求在审查调查具体操作上，从理论和实践的不同维度加以分析研究，以使读者掌握审查调查证据收集、固定、审查、运用的基本理论和工作方法，不断提升做好审查调查工作的政治能力和业务能力。

目　　录

第一章　纪检监察案件证据概论

纪检监察机关审查调查案件，就是通过对证据的收集和证据适用，以求得案件事实真相的过程，通常需要收集固定相关证据，并对单个证据、多个证据以及全案证据进行综合判断，达到区分层次、抽丝剥茧、层层推进的立体证明的要求。因此，无论是执纪审查还是监察调查，都需要查明和证明一定案件事实。而实现这一任务就必须依靠各种证据，必须紧紧围绕收集、固定、审查、运用证据展开，必须遵循一定证明方式和规律。由此可见，证据和证明活动是纪检监察机关准确认定案件事实的根据和基础，是审查调查工作的核心问题。

第一节　纪检监察案件证据问题概述

一、纪检监察证据的概念

一般意义上，证据是“能够证明某事物的真实性的有关事实或材料”，是“为相信某事或证明某事提供原因的资料”。刑事法学界对证据的定义存在四种观点：一是事实说，比如“证据是证明案件真实情况的事实”。二是材料说，比如“证据是证明案件事实的材料”。三是统一说，比如“证据乃是事实与证明手段的统一体”或者“证据由内容和形式共同构成。证据的内容即事实材料，亦即案件事实的有关情况；证据的形式，又称证明手段，是证据的种种表现形式。证据是事实与证明手段的统一体”。四是根据说，比如“证据是指证明案件事实或者与法律事务有关之事实存在与否的根据”。尽管关于证据的定义在理论上有不同的见解，但对于纪检监察办案工作来说，在实践中应当更为关注证据的收集、采信、证明规则和证明标准等方面的问题。同时，纪检监察证据既涉及纪律处分问题，又涉及一般违法范畴下的政务处分问题，还涉及职务犯罪问题。因此，纪检监察证据具有政党纪律性、纪律审查监察调查同源性、诉讼程序相衔接性、适用判断标准分野的多层次内涵，需要贯通考虑、一体认识。

纪检监察机关关于证据的定义，在 1991 年中央纪委制定印发的《关于查处党员违纪案件中收集、鉴别、使用证据的具体规定》和 1994 年 3 月中央纪委印发的《中国共产党纪律检查机关案件检查工作条例》（以下简称

《案件检查工作条例》）中就有明确规定，即证明案件真实情况的一切事实，都是证据。该定义与1979年和1996年《中华人民共和国刑事诉讼法》（以下简称《刑事诉讼法》）关于刑事诉讼证据定义的表述相一致。可以看出，在证据学的概念下，对于违纪案件证据属性的认识与司法领域的认识是相一致的。随着执纪审查和司法实践的不断发展，对于证据属性及其特征的认识也在不断深化，在2012年《刑事诉讼法》中，关于证据的定义表述已被修改为“可以用于证明案件事实的材料”，2018年《刑事诉讼法》沿用了这一定义。由此可见，“事实”的特性决定证据不可能都是“事实”，即证据可以但不必然是“事实”，因此，用“事实”来阐释证据的概念已不符合当前对违纪、职务违法和职务犯罪案件证据的界定。

结合审查调查实践工作的需要，纪检监察机关关于证据的定义应按照《中华人民共和国监察法实施条例》（以下简称《监察法实施条例》）第59条规定的“可以用于证明案件事实的材料都是证据”，加以归纳和明确。对于纪检监察机关，证据应当从纪律和法律两个维度来考量，按照党章、宪法和《中华人民共和国监察法》（以下简称《监察法》），纪律检查委员会作为“党内监督专责机关”，履行监督、执纪、问责三个方面职责；监察委员会作为“国家监察职能的专责机关”，依法履行监督、调查、处置三个方面职能。纪检监察机关开展审查调查工作，既包括审查检查违犯党的纪律的行为，又涵盖调查职务违法和职务犯罪的情况。与之相应，纪检监察证据也包括违纪、职务违法和职务犯罪三类案件证据。对于纪检监察证据的定义，要贯通三类案件加以理解，在实践中，纪检监察证据也统称为审查调查证据。

二、证明和证明要素

在哲学概念上，证明通常是指“用可靠的材料来表明或断定人或事物的真实性”。诉讼法语境下的“证明”有其特定内涵，诉讼证明（司法证明）主要是指“国家专门机关、当事人和辩护人、诉讼代理人按照法定的程序和要求，运用证据揭示或认定案件事实的活动”。与民事诉讼和行政诉讼不同，刑事诉讼适用最严格的证明规则和证明标准。在程序上除了审判阶段之外，还有立案、侦查和审查起诉等由公检法三机关相互配合的若干阶段，在这些诉讼阶段中也存在对证据的收集、固定、审查和运用的情况。党的十八届四中全会以来，我国积极构建以审判为中心、庭审以证据为中心的刑事诉讼格局。因此，为了更加全面地对刑事证明活动进行规范，应当将刑事证明活动贯穿刑事诉讼全过程。纪检监察机关查办案件也是如此，证明的过程贯穿于审查调查的各个环节。

从证明对象的内容上看，违纪、职务违法案件与职务犯罪案件具有共通之处，纪检监察机关审查调查也是要通过对证据的收集、固定、审查和运用来求得案件事实真相，都存在证明活动。因此，在党纪和监察法语境下的“证明”，与诉讼活动中的“司法证明”，都是指“承担证明责任的一方提出证据证实各项待证事实的活动”。

从证明的形式上看，职务犯罪的刑事诉讼过程主要是他向证明的过程，即审查起诉阶段主要是监察机关向检察机关证明，而审判阶段主要是检察官向法官证明；而违纪和职务违法案件查处过程，由于是纪检监察机关直接立案审查调查并作出党纪政务处分，不存在后续的刑事诉讼程序，通常讲，这一证明形式主要是办案人员（办案机关）自向证明的过程。

从构成要素上看，证明活动主要包括证明对象、证明主体、证明责任、证明方法、证明标准等要素。按照证明过程来讲，首先是明确证明对象和范围，即“待证事实”，解决的是“证明什么”的问题；其次是明确证明主体和证明责任的分配，解决的是“谁来证明”的问题；再次是明确证明方法，即证明主体利用证据对案件事实进行论证的方法，解决的是“如何证明”的问题；最后是明确证明标准，解决的是“证明到什么程度”的问题。

在审查调查实践中，证明方式主要有两种，这也是开展审查收集、提取证据的基本途径：一种是以直接证据为主的证明方式，如果直接证据特别是口供的真实性能够得到其他证据的印证，那么证明体系就可以形成。审查调查中，多数案件属于这种类型，即以被审查调查人供述为中心，以证人证言、书证、物证为辅，共同构建证明体系。另一种是以间接证据为主的证明方式，最典型的就是"零口供"的案件，通过若干间接证据进行逻辑推理，从而形成较为完整的证据链。根据2021年最高人民法院《关于适用〈中华人民共和国刑事诉讼法〉的解释》第140条的规定，间接证明方式要满足以下要求：（1）在案的间接证据查证属实；（2）间接证据之间相互印证，不存在无法排除的矛盾和无法解释的疑问；（3）全案证据形成完整的证据链；（4）根据间接证据得出的结论是唯一的，足以排除合理怀疑；（5）间接证据的推理过程符合逻辑和经验。

三、围绕构成要件确定纪检监察证据的范畴

违纪、职务违法行为以及职务犯罪成立的构成要件是纪检监察证据无法绕过的难点，然而目前在规范层面的制度供给仍然不足。从犯罪构成理论看，存在"四要件""三阶层""两阶层"等不同学说，我国司法机关普遍采用犯罪构成"四要件"说，即犯罪的客体、客观方面、

主体、主观方面。纪检监察工作的性质和特点决定了实践创新和理论创制不能脱离中国的政治生活现实，也不宜简单照搬套用刑法学的犯罪构成理论，应当立足纪检监察工作实践，正视纪、法、罪三类案件的本质区别与重大差异，形成符合纪检监察办案规律的新的行为构成理论。结合理论研究与实践探索，目前，纪检监察机关采用违纪构成为“违规”和“有责”的两要素体系，职务违法构成为“违法”和“有责”的两要素体系。其中，违规（法）要素主要涵盖行为构成的客观要求，有责要素主要涵盖行为构成的主观要求，二者的区别主要表现在主体上的不同。当然，二者在适用上也各具特殊性，违纪的范围要广于职务违法，但职务违法又具有承接职务犯罪的功能。在职务违法与职务犯罪的关系上，职务违法行为的基本形态仍为职务犯罪，因其社会危害程度未达到刑事立案的标准而适用出罪化处理，因此采取职务违法和职务犯罪并行下的二元惩戒机制。

违纪行为的概念与党的纪律概念紧密相关，《中国共产党纪律处分条例》（以下简称《党纪处分条例》）界定了违纪行为的概念，并归纳出违纪行为具有违规性、危害性、应受惩责性等特征。违纪行为从行为主体上可分为单位违纪与个人违纪，从侵害利益上可分为六项纪律，从轻重程度上可分为“四种形态”等。违纪行为构成包括

"违规"和"有责"两类基本要素。其中，违规要素指违纪行为必须是违反党章和其他党内法规、违反国家法律法规、违反党和国家政策、违反社会主义道德，危害党、国家和人民利益的行为。具体包括主体、行为、对象、结果、因果关系等内容。有责要素指综合考虑行为人的主观认识、责任能力与惩戒效果等各种因素，认定行为人是否应当承担相应的纪律责任。具体包括故意或过失、责任能力、目的与动机等。通过将违纪构成概括为违规且有责的行为，明确实践中当党员的行为同时具备违规、有责两部分要素，且不具备排除违规和责任的正当理由时，即可认定构成违纪。

职务违法是指行使公权力的公职人员实施的与其职务相关联的违反职务犯罪刑法规范但因涉案情节未达到刑事入罪门槛而受监察处置的行为。职务违法具有三个特征：职务相关性、违法性、应受处罚性。从行为主体上可分为单位违法与个人违法；从侵害利益上可分为六大类，大部分可与违纪行为相呼应；从违法的严重程度上可分为轻微职务违法、一般职务违法、严重职务违法等。职务违法构成可包括"违法"和"有责"两类基本要素。其中，违法要素是从客观上判断相关行为是否符合职务违法构成要求，具体包括主体、行为、对象、结果、因果关系等。有责要素是综合考虑行为人主观认识、责任能力与惩戒效果等各种因素，认为行为人是否应当为此承担一定的法律责任。具体包括责任能力、故意或过失、目的与动机等。通过将职务违法概括为违法且有责的行为，明确实践中当公职人员的行为同时具备违法、有责两部分要素，且不具备排除违法和责任的正当理由时，即可认定构成职务违法。

职务犯罪是指公职人员实施的贪污贿赂、滥用职权、玩忽职守、权力“寻租”、利益输送、徇私舞弊以及浪费国家资财等具有严重社会危害性违反刑法规范而应当受到刑事处罚的行为。职务犯罪具有三个特征：权力依附性、严重危害性、应受刑罚性。职务犯罪构成包括四个基本要件：主体、主观方面、客体、客观方面。其中，职务犯罪主体主要指四个方面：一是国家机关工作人员，二是国有公司、企业事业单位中的国家工作人员，三是人民团体中从事公务的人员，四是受国家机关、国有公司、企业事业单位、人民团体的委托管理、经营国有财产的人员。主观方面指行为人具有非法占有公共财物的故意，对侵犯职务行为廉洁性的明知。客体指犯罪行为侵害的是国家对职务活动的管理职能，职务犯罪本身是若干个涉职务型犯罪行为的整体概念，不是法定的独立犯罪，因此职务犯罪的客体呈现多元化。客观方面主要有三种形式：一是利用职务便利，二是滥用职权，三是严重不负责任，不履行或不正确履行职务。前两种类型的主体在行为上主要反映为作为的方式，而第三种主要构成不作为或者不完全作为的形式。

审查调查是涵盖纪律审查、职务违法调查和职务犯罪调查三个方面的活动，因此，在实践中必须进行多维考虑，确定审查调查的范畴，在收集、固定有关证据时，需强化立体思维，统筹做好各项工作。一方面，纪律审查属于党内审查，具有极强的政治性，包括惩戒和教育两方面。纪律审查就是探究纪律事实的过程，纪律事实分为违纪事实和自述事实，违纪事实可以作为处分的依据，自述事实当无其他证据佐证时，一般作为情节表述或作为第一种形态处理依据。但当自述事实获得其他证据材料印证并符合证据标准后，即转化为违纪事实。纪律事实的二分法，既坚持了证据定案的基本原则，又符合实际需求，为定性量纪工作增加了弹性与灵活性。另一方面，职务违法和职务犯罪调查权是监察权的重要内容，具有很强的政治性、独立性和强制性，与纪律审查既紧密联系又相互区别。职务违法、职务犯罪调查必须坚持党的领导，以事实为根据，以法律为准绳，平等适用法律，坚持惩教结合、宽严相济。监察机关行使调查权，有权依法向有关单位和个人了解情况，收集、提取相关证据，并可以使用谈话、询问、留置等审查调查措施。

第二节 纪检监察证据的法律法规梳理

一、党内法规关于证据的规定

1. 1991 年中央纪委制定印发的《关于查处党员违纪案件中收集、鉴别、使用证据的具体规定》，共 24 条，规定了违纪案件中证据的种类，收集、鉴别和使用证据的原则，收集证据的方式方法，鉴别证据的任务及方法等。这是纪检机关最早就证据问题作出专门规定的规范性文件。

2. 1994 年 3 月，中央纪委印发的《案件检查工作条例》及《中国共产党纪律检查机关案件检查工作条例实施细则》（以下简称《案件检查工作条例实施细则》），对纪检监察机关开展案件查办工作作了规定。其中，《案件检查工作条例》第 27 条至第 32 条、《案件检查工作条例实施细则》第 27 条至第 34 条，对纪检机关证据的定义、种类、取证要求、运用、鉴别以及证据标准和适用等作出了具体规定。

3. 党的十八大以来，随着全面从严治党不断深化和纪检监察体制改革深入推进，在审查调查实践中对证据要求的探索有了新的发展，在理论和制度上也有了进一步的创新和完善。2019 年 1 月施行的《中国共产党纪律检查机关监督执纪工作规则》（以下简称《监督执纪工作规则》）第 46 条第 1 款规定：“纪检监察机关应当严格依规依纪依法收集、鉴别证据，做到全面、客观，形成相互印证、完整稳定的证据链。”同时，第 46 条第 3 款还对纪检监察机关调查取证作出规范，规定严禁以违规违纪违法方式收集证据，严禁隐匿、损毁、篡改、伪造证据。根据《监督执纪工作规则》附则的规定，“此前发布的其他有关纪检监察机关监督执纪工作的规定，凡与本规则不一致的，按照本规则执行”。目前，在监督执纪中要按照以上法规规定做好证据的收集、固定、审查和运用。

二、监察法律法规关于证据的规定

党的纪律检查体制改革、国家监察体制改革、纪检监察机构改革纵深推进，对新时代纪检监察工作提出了新的更高的要求。2018 年 3 月十三届全国人大一次会议审议通过《监察法》，确立了党统一领导、全面覆盖、权威高效的国家监察体制，是我国法治建设的重大成果，体现了全面深化改革、全面依法治国、全面从严治党的有机统一，对以法治思维和法治方式惩治腐败意义重大、影响深远。

（一）《监察法》对纪检监察证据提出了总体要求

随着国家监察体制改革，监察机关摒弃了行政执法的特性，收集职务违法、职务犯罪证据的职责不再由检察机关承担，由此必然产生职务犯罪的证据转化问题。从规范出发，《监察法》并未沿袭之前的“证据转化”模式，而是创设性地规定了“证据衔接”模式。《监察法》第 33 条规定，“监察机关依照本法规定收集的物证、书证、证人证言、被调查人供述和辩解、视听资料、电子数据等证据材料，在刑事诉讼中可以作为证据使用。监察机关在收集、固定、审查、运用证据时，应当与刑事审判关于证据的要求和标准相一致。以非法方法收集的证据应当依法予以排除，不得作为案件处置的依据”。该条第 1 款对证据范围“等”的解释意味着可以用于证明案件事实的材料都可纳入审查调查证据的办案范畴，还包括留置、搜查、查封、扣押、勘验检查等调查笔录和鉴定意见。第 40 条第 1 款规定，“监察机关对职务违法和职务犯罪案件，应当进行调查，收集被调查人有无违法犯罪以及情节轻重的证据，查明违法犯罪事实，形成相互印证、完整稳定的证据链”。第 45 条规定，监察机关调查职务犯罪案件移送检察机关审查起诉的标准是“犯罪事实清楚，证据确实、充分”。

《监察法》关于证据的规定明确了监察机关收集、提取证据的法律地位和工作要求，是纪检监察机关开展审查调查工作的重要遵循。调查取得的证据，要经得起检察机关、审判机关的审查，经得起实践、历史和人民的检验。如果证据不扎实、不合法、不全面，轻则被检察机关退回补充调查，影响惩治腐败的效率；重则被司法机关作为非法证据予以排除，影响案件的定罪量刑。

（二）《监察法实施条例》对纪检监察证据作了具体规范

2021 年 9 月 20 日国家监察委员会公布的《监察法实施条例》，是国家监察委员会成立后制定的第一部监察法规。这部法规对监察制度进行科学化、体系化集成，是一部全面系统规范监察工作的基础性法规，对于推动纪检监察工作规范化、法治化、正规化建设发挥了重要作用。

《监察法实施条例》对证据的相关规定，构建了审查调查证据规则。监察机关调查案件，必须坚持一切从实际出发，以事实为根据，以法律为准绳。《监察法实施条例》第 59 条至第 69 条专门对监察证据种类、证据审查、证据规则等作了规定，强调开展讯问、搜查、查封、扣押以及重要的谈话、询问等调查取证工作应当全程同步录音录像。首次在法规中确立了监察机关调查终结的职务违法和职务犯罪案件的证据标准，明确了非法证据排除规则，以高标准的证据要求规范和约束调查取证工作，有效对接刑事审判关于证据的要求和标准。可以说，这是目前纪检监察机关开展审查调查工作最为完整、翔实的关于证据的法规。

《监察法实施条例》明确规定了纪检监察证据的概念、种类和取证要求，指出可以用于证明案件事实的材料都是证据，包括：物证，书证，证人证言，被害人陈述，被调查人陈述、供述和辩解，鉴定意见，勘验检查、辨认、调查实验等笔录，视听资料、电子数据。同时，规定了纪检监察证据的法律地位：监察机关依照《监察法》和《监察法实施条例》规定收集的证据材料，经审查符合法定要求的，在刑事诉讼中可以作为证据使用。

《监察法实施条例》还规定了纪检监察证据规则、标准和要求；进一步明确了职务违法和职务犯罪不同的证据标准；强调监察机关调查终结的职务违法案件，应当事实清楚、证据确凿。证据确凿应当符合四个条件：一是定性处置的事实都有证据证实；二是定案证据真实、合法；三是据以定案的证据之间不存在无法排除的矛盾；四是综合全案证据，所认定事实清晰且令人信服。监察机关调查终结的职务犯罪案件，应当事实清楚，证据确实、充分。证据确实、充分应当符合几个条件：一是定罪量刑的事实都有证据证明；二是据以定案的证据均经法定程序查证属实；三是综合全案证据，对所认定事实已排除合理怀疑。

同时规定，证据不足的不得移送人民检察院审查起诉。

《监察法实施条例》对非法取证和非法证据排除作出具体规定。严禁以暴力、威胁、引诱、欺骗以及非法限制人身自由等非法方法收集证据，严禁侮辱、打骂、虐待、体罚或者变相体罚被调查人、涉案人员和证人。对于调查人员采用暴力、威胁以及非法限制人身自由等非法方法收集的被调查人供述、证人证言、被害人陈述，应当依法予以排除。

可见，《监察法实施条例》对证据的相关规定，是较为全面、具体、精准的，在审查调查工作中必须按照这些要求，提高证据质量，提升调查取证的能力和水平。

（三）其他监察法规规定对证据的规范

《监察机关监督执法工作规定》（以下简称《监督执法工作规定》）也对监察证据收集、提取作了规范。比如，对依法调取用以证明被调查人涉嫌违法、犯罪的物证、书证、视听资料、电子数据等证据材料，规定应当出具《调取证据通知书》，并附《调取证据清单》，等等。

以上是纪检监察机关关于收集提取证据的法律法规规定，是我们目前在审查调查工作中收集、固定、审查、运用证据的基本遵循，必须严格执行。此外，《国家监察委员会移送最高人民检察院职务犯罪案件证据收集审查基本要求与案件材料移送清单》以及纪检监察机关内部的规章制度等规范性文件都对审查调查证据作出规定和要求，都是指导审查调查取证工作的重要依据。

三、刑事诉讼法律法规关于证据的规定

我国刑事、民事和行政诉讼法中有关证据的规定构成了我国证据法的核心内容。纪检监察机关办理党员、公职人员违犯党的纪律、职务违法和职务犯罪三类案件，对于职务犯罪案件的办理，不仅要严格遵守党内法规、《监察法》及有关规定，还必须遵守《刑事诉讼法》及相关规定。因此，了解掌握《刑事诉讼法》关于证据的有关规定，对于高质量开展审查调查工作至关重要。《刑事诉讼法》在第一编第五章第 50 条至第 65 条，用 16 个条款对刑事诉讼证据进行了专门规定，在审查调查实践中要严格执行。

四、司法解释和相关文件关于证据的规定

审查调查实践中，涉及职务犯罪证据的问题经常会运用相关的司法解释和文件。这方面的司法解释和文件，主要指被授权作司法解释的最高人民法院、最高人民检察院就审判工作和检察工作中如何具体收集、运用证据所作的解释、通知、批复等。目前，与纪检监察机关审查调查工作相关的刑事诉讼证据问题司法解释和文件主要有：

（1）最高人民法院、最高人民检察院、公安部、国家安全部和司法部《关于办理死刑案件审查判断证据若干问题的规定》（2010 年 6 月 13 日发布　2010 年 7 月 1 日施行）；

（2）最高人民法院《关于建立健全防范刑事冤假错案工作机制的意见》（2013 年 10 月 9 日发布并施行）；

（3）最高人民法院、最高人民检察院、公安部《关于办理刑事案件收集提取和审查判断电子数据若干问题的规定》（2016 年 9 月 9 日发布　2016 年 10 月 1 日施行）；

（4）最高人民法院、最高人民检察院、公安部、国家安全部、司法部《关于办理刑事案件严格排除非法证据若干问题的规定》（2017 年 6 月 20 日发布　2017 年 6 月 27 日施行）；

（5）最高人民检察院颁布的《人民检察院刑事诉讼规则》（2019 年 12 月 30 日发布并施行）；

（6）最高人民法院《关于适用〈中华人民共和国刑事诉讼法〉的解释》（2021 年 1 月 26 日发布　2021 年 3 月 1 日施行）。

五、国际公约关于证据的规定

我国已经签署并批准的与刑事诉讼证据有关的国际公约主要有《联合国禁止酷刑公约》《联合国反腐败公约》

等。《联合国反腐败公约》第 28 条规定，根据公约确立的犯罪所需具备的明知、故意或者目的等要素，可以根据客观实际情况予以推定。第 32 条规定，各缔约国均应当根据本国法律制度并在其力所能及的范围内采取适当的措施，为就根据公约确立的犯罪作证的证人和鉴定人并酌情为其亲属及其他与其关系密切者提供有效的保护，使其免遭可能的报复或者恐吓。对于这些我国已经签署并批准的公约，应当履行。

第三节　纪检监察证据的种类和分类

一、纪检监察证据的种类

依照《监督执纪工作规则》《监察法》《刑事诉讼法》《监察法实施条例》和其他法律法规规定，目前，纪检监察证据一般分为 8 种类型，包括：

（一）物证

广义上的物证是指区别于言词证据的实物证据，作为证据种类的狭义上的物证是指以其外部特征、存在状态、物质属性等来证明有关案件真实情况的实物和痕迹。这里的“实物”，包括审查调查实践和司法实践中所有可以作为物证之物。

（二）书证

书证是指以文字、符号、图画等表达的思想或者记载的内容来证明有关案件真实情况的书面材料或其他物质资料。书证的范围十分广泛，包括载有文字、符号、数字、图画、印章或其他具有表情达意功能的实物材料，如出生证、工作证、身份证、护照、营业执照、户口簿、账册、账单、票据、收据、经济合同、协议、车船票、飞机票、日记、信件等。

（三）证人证言

证人证言是指被审查调查人以外，直接或间接了解有关案件事实情况的人员，就其所了解的案件情况向纪检监察机关所作的陈述。证人证言一般是口头陈述，以笔录的形式加以固定，也可以是经审查调查人员同意，由证人亲笔书写的书面材料。

（四）被害人陈述

被害人陈述是指违纪、职务违法行为或者职务犯罪直接侵害的人就其受害情况和其他与案件有关的情况向纪检监察机关所作的陈述。在审查调查中，一般在失职、渎职案件中会出现。

（五）被调查人陈述、供述和辩解

被调查人陈述、供述和辩解，是指被调查人就有关案件的情况向纪检监察机关所作的陈述，通常称之为口供。

工作中注意既要收集、提取被调查人有错、有罪的陈述、供述，也要收集、提取被调查人无错、无罪或错轻、罪轻的辩解。另外，还应当注意被调查人攀供留下的线索，即被调查人揭发检举其他涉案人员违法行为所作的陈述。在实践中，被审查调查人的自书材料、忏悔反思材料一般被认为是被审查调查人陈述的一种证据形式。

（六）鉴定意见

鉴定意见是指纪检监察机关对于案件中的专门性问题，指派、聘请有专门资质的第三方机构或专门知识的人，进行科学判断后作出的书面意见和结论。审查调查工作实践中，主要包括法医类鉴定、物证类鉴定、声像资料鉴定、会计鉴定和技术问题鉴定等。

（七）勘验检查、辨认、调查实验等笔录

勘验检查、辨认、调查实验等笔录，是指纪检监察机关在审查调查中，记录开展勘验检查、辨认、调查实验等工作中的客观情况而形成的文字记载。

（八）视听资料、电子数据

视听资料是指以录音、录像、电影胶片、电子计算机或电子磁盘所存储的可以重现案件事实的材料。电子数据是指电子计算机或电子磁盘存储的，以数字形式存储、处理、传输的，能够证明案件事实的数据。视听资料和电子数据的概念存在交叉之处，但电子数据只能以数字信号的

形式存在，视听资料则不包括没有声音或形象的电子数据。同时，并非所有以视听方式存在的证据都是视听资料或者电子数据，如纪检监察机关勘验检查时所作的录音、录像应当属于勘验、调查笔录。

二、纪检监察证据的分类

纪检监察证据分类，是结合证据法学理论以及证据在审查调查实践中的运用所作的划分，主要是根据证据的来源、作用及其他特点，按照不同标准划分出不同的类别。证据分类与证据种类是不同的概念，证据分类是为了便于理论研究和实践操作对证据进行的类别划分，而证据种类是依据法律法规等相关规定作出的区分。证据分类不具有法律效力，是按照不同标准划分所得的结果；证据种类是法律法规明文规定，具有法律效力，并按照单一标准加以区分的结果。证据分类与证据种类尽管概念不同，但二者不能完全割裂。实际上，两种划分方式是有交叉的，比如同一种证据由于划分的角度不同，可以分属不同的类别。

根据我国《刑事诉讼法》的相关规定，结合证据法学关于证据分类的有关理论，审查调查工作中常见的证据按照不同角度和标准可分为定罪证据与量刑证据、言词证据与实物证据、事实证据与描述证据、直接证据与间接证据、原始证据与传来证据、原生证据与再生证据等多种类型。

（一）定罪证据与量刑证据

根据证明的待证事实不同，证据可分为定罪证据和量刑证据。定罪证据是证明有关犯罪构成要件的证据，根据传统刑法理论，犯罪构成包括主体、主观方面、客体、客观方面四个要件。量刑证据是证明有关量刑情节的证据，职务犯罪案件的量刑情节，主要包括自首、立功、坦白、退赃、认罪悔罪态度等方面。

审查调查中，不能只重视定罪证据，而忽略量刑证据的收集，比如被调查人认罪悔罪的态度、要求家人积极退缴赃款的情况等都要如实记录在笔录中，办案部门出具的关于量刑情节的说明材料应当具体明确，不能笼统表达。

（二）言词证据与实物证据

根据证据载体的表现形式不同，证据可分为言词证据和实物证据。言词证据是以言词陈述为载体的证据形式，是审查调查中最常见的证据种类，包括被调查人陈述、供述和辩解，证人证言，被害人陈述等。言词证据由于受人的记忆力、表达力、诚信度等因素影响，具有主观性、易变性等特征，其优点是关联性较强，缺点是存在较高的虚假风险。审查调查中，要特别注意言词证据内容的真实性和稳定性。

实物证据是指以实物、文件等方式记载相关事实的证据，包括物证、书证、视听资料、电子数据等。实物证据具有客观性、稳定性的优点，缺点是在收集、固定、保存等环节存在失真风险，如被掉包、保管不善毁损。审查调查中，要特别注意实物证据来源的可靠性、提取过程的规范性和保管的完善性。

（三）事实证据与描述证据

根据证据的证明内容和印证关系不同，证据可以分为事实证据和描述证据。事实证据是指办案人员通过相应的措施和方法进行调查取证，收集、提取的能够反映和认定被审查调查人违纪、职务违法、职务犯罪相关事实本身的证据，包括被调查人陈述、供述和辩解，证人证言等言词证据，也包括书证、物证等实物证据。

描述证据是指反映和记录审查调查过程本身、被审查调查人客观状态以及对相关证据进行描述验证，由审查调查机关及其工作人员，或者有资质的第三方出具的相关材料，包括搜查笔录、辨认笔录、勘验笔录、检查笔录、调查实验笔录等笔录证据，全程同步录音录像，被调查人到案经过、量纪量刑等情况说明材料以及鉴定意见等。收集、提取描述证据的主要目的，是对取证过程的合法性和结果的真实性起到印证作用。需要强调的是，为便于审查调查实践操作，本书将被审查调查人、涉案人员和证人主体身份及自然人身份等身份信息类证据材料，归为描述类证据。

（四）直接证据与间接证据

根据证据内容与案件主要事实之间的关系，证据可分为直接证据和间接证据。案件主要事实包括两方面：一是违纪、职务违法和职务犯罪行为是否发生；二是相关行为是否为被审查调查人所为。直接证据是指证据包含的信息可以单独证明案件主要事实成立或不成立的证据，最典型的是被调查人陈述、供述和辩解；间接证据是指不能直接、单独证明案件主要事实而只能证明主要事实的一个情节或者片段的证据，必须与其他证据结合起来印证案件的主要事实，最常见的有书证、物证、鉴定意见等。当然，在审查调查实践中也会遇到一些物证、书证等能够直接反映案件事实本身，其性质属于直接证据。因此，证据的分类是个相对的概念，需要在审查调查实践中具体问题具体分析。

比较而言，直接证据的关联性和证明力更强。违纪、职务违法和职务犯罪案件，通常是以直接证据为基础，间接证据来印证，共同构成证明体系。所以，审查调查中要多收集被调查人陈述、供述和辩解等直接证据，同时兼顾间接证据，尤其是关键的书证、物证。

（五）原始证据与传来证据

根据证据载体的来源不同，证据可分为原始证据和传来证据。原始证据是直接来源于案件原始事实的证据，比如被审查调查人主动上交的违纪违法财物、搜查中查扣的赃款赃物；传来证据是指经过复制、传抄、拍摄等一系列加工行为所形成的二手及以上的证据，比如调取的书证复印件、打印的物证照片、证人转述当事人的供述等。

比较而言，原始证据的真实性和证明力更强，而传来证据由于不是一手资料，在复制过程中可能存在一定风险，所以审查调查中应尽量使用原始证据；如果原始证据取得确有困难，应采用复制、转述次数最少（最接近原始证据）的传来证据。

（六）原生证据与再生证据

根据证据的形成时间和目的不同，证据可分为原生证据和再生证据。原生证据是行为人在实施违纪、职务违法和职务犯罪过程中形成的能够反映案件事实的证据；再生证据是违纪、职务违法和职务犯罪事实发生后，行为人为了对抗审查调查，逃避纪律、法律追究而进行的各种对抗和干扰组织审查和反调查活动所形成的证据，比如能证明行为人毁灭、隐匿、伪造证据，与相关人员串供、订立攻守同盟、攫取利益关系人相关信息、包庇其他涉案行为人等。再生证据虽然不能直接证明案件事实，但是能够通过行为人反调查的对抗行为逆向证明其存在掩饰案件事实真相的目的，从而肯定被调查案件事实的存在。因此，再生证据对原生证据的证明力起到重要的补强作用，同时也是影响对行为人量刑的一个酌定考量要素。

再生证据作为原生证据的相对概念，本质上属于间接证据的一种，对原生证据具有辅证作用，有利于扩展审查调查人员案件调查思路和视野，拓宽发现和收集其他证据的渠道。即便是主要物证、书证已经灭失，通过运用适当的审查调查手段和措施，及时掌握并固定行为人为掩盖违纪、职务违法和职务犯罪真相而产生的再生证据，从其心理防线的薄弱部位入手予以突破，往往会产生峰回路转的效果。审查调查中，不仅要重视收集、固定原生证据，也要树立收集、运用再生证据的意识。

本书主要是根据纪检监察机关在开展审查调查工作中收集、提取证据的实际情况，结合纪检监察办案的措施和方法使用等因素，按照言词类证据、实物类证据、过程和状态描述类证据（即描述类证据）三大类，对纪检监察证据加以梳理、分析并进行阐释。这样有利于更为直观地掌握有关审查调查证据收集、提取、运用的基本方法和基础理论。

第四节　纪检监察证据的特征

一、纪检监察证据的属性

纪检监察证据应当具有以下特征，也就是我们常说的证据“三性”。

（一）真实性

真实性主要指证据的形式与所表现的内容是客观存在的，也就是证据事实必须真实可靠，而不是主观想象、猜测或杜撰的。纪检监察证据的真实性具有两重含义：一是从证据载体的角度而言，要求证据的形式和内容具有客观真实性，证据应是人们可以通过某种方式感知的，对客观事物的真实反映，未经过伪造、变造和扭曲；二是从证据事实的角度而言，这种真实性还体现在对事物的完整还原，也就是要全面地反映事实本身，而不是只有局部的或阶段性的。证据所记录和反映的信息真实可靠而非虚构。

（二）关联性

关联性主要指纪检监察证据要与违纪违法事实之间存在一定程度的联系。客观存在的事实是多种多样的，并非所有的事实和材料都能作为证据使用，只有与违纪违法事实存在联系的事实和材料，才能作为证据使用。目前，不少刑事法学专家主张采用大陆法系证据理论的观点，引入证据能力和证明力（也称“两力”）概念下的审查角度和顺序。按照这种审查方式，首先要判断证据是否具有证据资格，其次要判断证明力的大小，这种基于案件审理阶段给予证据不同评价的层次性证据审查规则更符合执纪执法实践对证据的认识要求。证据的关联性要求每一个具体的证据应对待证事实具有实质性证明意义，且该证明力应达到一定的程度和水平。审查调查人员应当根据案情，收集、固定与案件事实具有关联性的证据。

（三）合法（合规）性

合法（合规）性主要指证据的收集、固定、保全和审查认定必须合法合规合纪。纪检监察证据必须在证据形式和取证主体、取证程序上符合法律法规的有关规定。审查调查人员收集证据，应当全过程严格遵循法律法规的相关要求，以相关法律规范的法定形式呈现，根据法律法规规定的程序进行。对以非法方法收集的证据应依法予以排除，对取证主体和手段存在一定程度违法的瑕疵证据归为效力待定的证据，要注意寻求补正和解释的可能性。

《监察法》第 33 条第 3 款明确规定，以非法方法收集的证据应当依法予以排除，不得作为案件处置的依据。同时，第 40 条第 2 款明确了非法取证的方式。这些规定与刑事诉讼中的非法证据排除规则相衔接。纪检监察机关是政治机关，是履行党内监督和国家监察的专责机关，党内法规和国家法律赋予纪检监察机关的权力是有边界的，使用审查调查权必须符合法律法规规定，必须自觉接受监督。纪检监察机关在排除非法证据时既要遵守刑事诉讼的要求，又要遵守依规依纪加强内部监督制约的要求。

基于证据“三性”与“两力”的两种审查方式相互

交叉，密切相关。其中，合法（合规）性是证据在纪律、法律上可转化为定案根据的资格和条件，即证据能力；真实性和关联性是指证据对案件事实是否具有证明价值以及证明价值的大小，即证据的证明力。实践中，审查调查人员通常要对收集的证据材料进行分析研究、鉴别真伪，以确定其有无证据能力、证明力如何以及证明力的大小，进而以此来认定案件事实。

二、纪检监察证据的特点

根据纪检监察机关审查调查工作的有关要求和办案实践特点，纪检监察证据具有以下特点：

（一）专业性

在违纪、职务违法和职务犯罪案件中，行为主体和侵犯客体的特殊性决定了案件涉及领域和行为手段的职务性，职务的广泛性涵盖了各个专业领域，因而审查调查证据具有专业性特点。

一是案件证据“专”。党和国家机关、国有企业事业单位、人民团体对社会生活依法进行全方位、多角度管理，涉及的具体问题不仅涵盖了社会生活的方方面面，而且常常与特定的专业领域相关，并体现一定的职务性。比如，在贪污贿赂类案件中，为查明被审查调查人是否受委派从事公务，需对委派单位的性质、委派手续、被委派单位的性质、被审查调查人的职责等方面进行调查；为查明被审查调查人是否利用职务便利，需要掌握被审查调查人所在领域的职务流程和制度规定。在滥用职权、玩忽职守类案件中，更是可能涉及海关、税务、林业、国土、环境、食品、动植物检疫等多领域的专业知识和相关法律法规。

二是审查调查手段“专”。案发领域和行为手段的专业性，决定了审查调查手段和能力的专业性。比如，发生在金融、建筑工程、粮食购销等领域的腐败案件，特别是党员领导干部在其中的职务行为，具有很强的专业性和行业特点，在收集提取这类案件证据时，需要掌握相关行业的交易规则和交易习惯，以发现行为人是如何实施违纪、职务违法和职务犯罪行为的。在贪污、挪用类案件中，资金流转往往会留痕，审查调查人员需要从账目处理、记账凭证、原始凭证等方面调取相关书证，并在财务、会计、审计、鉴定等专业人员的辅助下发现相应的违纪违法和犯罪行为。此外，为了更好地追赃减损，也需要通过追查银行账户、梳理钱款流向等追踪涉案钱款，并及时采取查封、扣押、冻结等审查调查措施。

（二）隐蔽性

党员领导干部和国家工作人员一般受过良好的教育，较一般人更加熟悉法律法规和有关政策，其实施的违纪、职务违法和职务犯罪行为往往具有隐蔽性。究其原因：一是行为人有的是单位的领导成员，其发生的违纪、职务违法和职务犯罪行为能够在不为人知的情况下，采取瞒天过海的方式进行，他人难以察觉；二是行为人有的是单位内部人员，了解甚至熟知单位内部管理中的漏洞，会采取相对隐蔽的手段和办法；三是违纪、职务违法和职务犯罪涉及的证人相对较少，而且行为人在与证人接触的过程中，会有计划地隐瞒部分事实，使得证人了解的情况有限，不能对案件事实进行全面描述；四是一些行为人在得知被审查调查后，可能会同相关人员形成“攻守同盟”，或者实施其他干扰证人作证、销毁证据、推诿责任等对抗组织审查调查的行为，给初步核实和立案审查调查相关工作制造障碍，增加难度。

（三）易变性

如前所述，违犯党的纪律和职务违法、职务犯罪案件的证据种类相对比较单一，多为言词证据，客观证据相对较少且关联性不强。言词证据虽可以帮助审查调查人员快速、全面了解和掌握违纪违法犯罪过程，但同时应当看到，言词证据具有不稳定性和易变性，在审查调查阶段不宜过于依赖言词证据。

审查调查常见的违纪、职务违法和职务犯罪案件，比如在贿赂类案件中，案件证据通常具有单一性、对合性、不稳定性和复杂性等多种特点。实践中，贿赂案件中证据的易变性更为突出，出现这种情况的原因主要有三个方面：一是受贿犯罪的参与人多限于受贿人和行贿人，行贿的财物通常经隐蔽的途径和方式提取，以现金的方式给付。因此，行受贿双方往往会出现言词证据“一对一”的情况，这些言词证据又会受到审查调查时间、场合的影响，翻供、翻证的情况时有发生。二是在多次受贿的情况下，行贿人和受贿人难免会出现记忆上的模糊、混淆，导致双方供述不一致或供证不一致，甚至出现相互矛盾的情况。三是受贿犯罪从初步核实到立案审查调查时间较长，受贿人往往会从各种途径提前获知，其与行贿人订立攻守同盟或者毁灭、伪造证据，进而增加调查取证难度。在贪污类案件中，行为人在被审查调查中，往往会寻找各种理由将其贪污行为的目的“合法化”，比如曾替单位垫付资金，涉案钱款用于单位公务支出，等等。一旦被审查调查人提出辩解，甚至可能是无中生有的借口，都会给审查调查工作增加难度。在滥用职权、玩忽职守类案件中，证人证言，被调查人陈述、供述和辩解，鉴定意见，书证等证据较多，视听资料、电子数据、勘验检查笔录、被害人陈述、物证等证据较少，这种情况也会影响整个案件证据状况的完整稳定。

纪检监察证据的以上属性和特点，尤其是关键性言词证据多、直接性客观证据较少的情况，导致案件在认定时往往对言词证据的依赖性比较大。一些被审查调查人容易在移送审查起诉后，出现翻供或以存在刑讯逼供、威胁、引诱等方式为由提出非法证据排除申请。因此，在审查调查过程中，特别是在讯问时要全面、客观地听取被审查调查人辩解和合理诉求，做好思想政治工作，提高笔录制作水平，并进行全程同步录音录像。同时，要特别注意相关客观证据的收集、固定工作，进一步补强言词证据的不足。另外，在一些重要的审查调查工作中，往往也会配备专门的证据审核人员或者证据审查小组来加强证据审核把关，以夯实案件证据基础，提高审查调查工作质量，避免出现“带病移送审理”和“带病移送审查起诉”的情况。

第五节　违纪案件的证据适用

一、违纪案件证据适用概述

证据适用是指纪检监察机关在办理案件过程中，依规依纪依法实施的证据收集、固定、审查和运用等一系列活动的总称。具体包括证据的种类，有关证据的收集、固定、审查和运用的程序、规则和形式，以及运用证据进行证明的主体、对象、标准和责任分配等问题。

与职务违法、职务犯罪案件的证据适用相比，违纪案件的证据适用既源于一般证据法学原理、原则和规则，又不同于单纯从技术上对一般证据标准的把握，是纪律检查机关在辩证唯物主义指导下对违纪案件本质和特征形成客观认识，对案件性质综合作出评判的过程，同时也是以党章党规党纪为标尺，依纪依规收集、审查、鉴别、使用证据，认定和判断党组织和党员行为的过程。因此，违纪案件的证据适用既不是对证据的机械取舍，也不是对证据进行简单的排列组合，它体现出对纪律审查人员更高的政治要求。

违纪案件证据适用包括以下内涵：第一，证据适用是一个上位概念，包含证明标准、证据标准和证据指引等，但不限于上述概念。第二，证据适用是纪律审查中与证据相关的系列活动的总称，包括收集、审查、鉴别、使用证据等一系列活动。第三，证据适用是一个规范体系，包括证据适用原则、规则等。

违纪案件的证据适用与纪律审查相辅相成，不可分割。第一，纪律审查是证据适用的重要载体。纪律审查的过程就是收集、审查、鉴别、使用证据的过程。第二，严格证据适用是纪律审查工作高质量发展的应有之义。纪律审查工作必须严格依规依纪，遵循违纪案件证据适用的要求，强化证据意识、确保证据质量，确保所办案件办成铁案，案件质量经得起检验。第三，明晰符合违纪案件特点的证据标准，是纪律审查工作的内在要求。纪检监察机关一方面必须围绕违纪构成，客观全面收集所有能够证明案件事实的证据；另一方面又要防止不计成本，过度取证，影响纪律审查效率，这就要求塑造符合违纪案件特点的证据标准。

二、违纪案件证据适用原则

证据适用原则是在违纪案件证据适用过程中一以贯之的工作遵循，主要有以下四点。

（一）实事求是原则

党章第 43 条和《党纪处分条例》第 4 条等规定，违纪案件收集、鉴别和使用证据必须实事求是，坚持客观公正，一切从客观实际出发，用辩证唯物主义和历史唯物主义的立场、观点、方法去认识问题和处理问题，坚持具体问题具体分析，不得带框框、主观臆断、偏听偏信。

（二）依规依纪原则

依据《监督执纪工作规则》第 46 条、53 条的规定，纪检监察机关应当严格执行“二十四字”方针，始终依规依纪依法对证据进行收集、鉴别、使用。

（三）证据为本原则

证据为本原则要求对于证据事实的认定应当采取有效的证据加以证实。如果在案件事实证明上，证据缺乏或者证明不充分，不得作为直接的事实依据。在党内法规中，其具体来源于《案件检查工作条例》第 32 条的规定，即要求认定错误事实须有确实、充分的证据。只有被调查人的交代，而无其他证据或无法查证的，不能认定；被调查人拒不承认而证据确实、充分的，可以认定。

（四）保障权利原则

党员权利是党章赋予的，党的任何一级组织直至中央都无权剥夺党员的权利。纪律审查中，要切实保障被审查党员行使党章所赋予的各项权利。在党组织讨论决定对党员作出党纪处分或作出鉴定时，其本人有权参加和进行申辩，其他党员也可以为他作证或辩护。

三、违纪案件证据适用要求

证据适用要求是证据适用原则涵摄的下位概念，是证据适用原则的具体体现。《监督执纪工作规则》第 46 条明确要求，纪检监察机关应当严格依规依纪依法收集、鉴别证据，做到全面、客观，形成相互印证、完整稳定的证据链……严禁以威胁、引诱、欺骗以及其他违规违纪违法方式收集证据；严禁隐匿、损毁、篡改、伪造证据。

（一）全面客观

全面是指要从不同的角度收集所有能够证明纪律事实的证据。不仅要收集能够证明被审查人涉嫌违纪的证据，还要收集能够证明被审查人没有违纪的证据；不仅要收集定性量纪的证据，还要收集证明审查行为合规的证据。客观是指在收集证据时一切从案件的实际情况出发，按照证据的本来面目如实收集、如实反映，既不能用主观猜测代替客观事实，也不能偏听偏信、任意取舍，甚至虚构或伪造证据。

（二）形成互相印证、完整稳定证据链

“印证”作为一种证明模式，是指两个以上具有独立信息来源的证据，对各自的真实性和可靠性作出的验证，由于在所包含的事实信息方面出现了指向一致性的证据契合，并且与案件其他事实不相矛盾、整体协调，符合经验法则并排除合理怀疑，那么这些事实信息的真实性即得到证明。审查人员在收集完证据后，应当对收集到的证据进行分析研究，找出证据与证据之间、证据与案件事实之间的客观内在联系，以形成一个内容完全、结构稳定的整体性证据链。

（三）孤证不能定案

《案件检查工作条例》《关于查处党员违纪案件中收集、鉴别、使用证据的具体规定》等明确要求，在没有

物证、书证的情况下，仅凭言词证据定案时，必须有两个以上（含两个）证据。仅有受审查党员的交代，没有其他证据补强证明力，不能定案。

（四）违规证据排除

违纪案件的违规证据排除规则和刑事司法领域的非法证据排除规则一致，都是对证据能力的消极评价。违纪案件的违规证据排除规则立规原意来自对党员权利的保护。对经审核发现采取暴力、威胁等逼供或其他违规方式收集的言词证据，应当坚决依规予以排除。对经审核发现收集的物证、书证不符合规定程序，可能影响案件公正处理的，要积极协调案件承办部门及时补正或者作出合理解释，否则不得作为定案的依据。

（五）分层递进

分层递进是指不同处理阶段和处理档次的违纪行为适用证据标准逐步严格。因为办案的过程是一个认识逐步深入的过程，不同的处理档次对相关证明对象的证明要求也会有程度上的差别，这是在纪法罪三类案件证据标准差异化之外，违纪案件根据纪律处理阶段和轻重程度的差异对证据标准的进一步区分。比如，在初核时只需要问题线索“具有可查性”即可，到立案时则要求“已经掌握部分事实和证据，具备进行审查调查的条件”，待到审理时才要求“事实清楚，证据确凿”。又如，要结合处理的轻重程度和“四种形态”的运用，准确适用不同证据标准，对可能给予开除党籍、开除公职处分的案件，应当全面研究有关材料和意见，比照职务犯罪的证据标准，采取十分慎重的态度。

四、违纪案件的证明标准和证据标准

在违纪案件中，证明标准是指证明主体运用证据综合评价违纪案件事实所要达到的程度或要求，主要包括违纪证据的审查标准、违纪证据证明力大小、要件事实之间的协调贯通性、违纪行为证成的强度；证据标准是指对违纪案件中收集、固定、审查和运用证据证明案件事实所应达到的具体程度和要求的统称。证据标准是证明标准的具体化，二者相互作用、相互影响。

违纪案件证据标准要考虑处理结果和惩戒后果的严厉程度及救济方式等因素，根据纪严于法、纪在法前的要求，违纪案件的证据标准应当与职务违法、职务犯罪的证据标准有明显区别。结合审查工作实践，违纪案件的证明标准与职务违法、职务犯罪的证明标准总体上是一致的，为“事实清楚、证据确凿（确实、充分）”。违纪案件的证据标准为：（1）定性量纪的事实都有证据证实；（2）定案证据真实、合规；（3）证据之间不存在无法排除的矛盾；（4）综合全案证据，所认定事实“明确合理可信”。

明确违纪案件证据标准，一是解决了证明对象和范围问题，所谓“事实清楚”是指处分决定所认定的与“定性量纪”有关的主要违纪事实都需要有证据证实，而不是全部事实；二是对证据转化为定案根据的条件作出规范，要求作为违纪案件定案根据的证据应当经过《监督执纪工作规则》等党内法规规定的程序查证属实，具备关联性、真实性和合规性，每个相关事实至少有两个以上独立来源的证据，能够相互印证；三是提出违纪事实的综合判断依据，即办案人员经过对证实定性量纪事实的全部证据的综合考量后认为，认定违纪事实的根据明确合理可信，主要事实的证据之间不存在矛盾，或者是即便存在矛盾也能够得到合理的解释和排除。“明确合理可信”是指有明确的证据证实违纪事实，根据这些证据所获知的事实和情况合理且可信赖，通过符合常人认识规律及理性的判断，可以相信被审查人实施了违犯党纪的行为。

在执纪实践中，对违纪案件证据标准的把握还存在因人而异、因案而异的情况。必须在查清违纪事实的基础上，综合评判违纪党员干部所犯错误的性质、时间节点、情节轻重、危害后果和不良影响大小、配合组织审查和认错悔错态度、一贯表现以及当地政治生态情况等，精准运用“四种形态”。对经过综合评判，认为需要承担纪律责任的，须根据情节轻重，准确适用处分档次。

五、违纪案件中的特殊证明规则

特殊证明规则是针对特定违纪案件或行为，吸收借鉴司法实践的有效做法，以降低取证难度或减少取证量为目的的特殊规则，主要解决行为复杂多样、相关证据隐蔽、取证困难等实际问题，实现办案效率的提升。具体包括自述、推定、证明责任分配。

（一）自述

自述是指被审查调查人在接受审查调查时，主动且自愿向纪检监察机关就自身违纪行为的情况作出的书面陈述材料。在审查调查实践中，被审查调查人认错率比较高，在接受纪检监察机关细致的思想政治工作后，基本上都能够认识自己的错误并配合组织审查。确立自述规则能很好地解决审查调查报告、审理报告、向同级党委的请示等内部文书中关于情节表述问题的合理定位。

（二）推定

推定是由“已经得到确认的事实”推导出“待认定的事实”的过程。《联合国反腐败公约》对推定作出专门规定，即“根据本公约确立的犯罪所需具备的明知、故意或者目的等要素，可以根据客观实际情况予以推定”。实践中，比如把巨额财产无法说明合法来源的定为非法，就是推定的一种应用。在违纪案件适用推定规则时，应当参照司法实践做法，充分考虑对被审查调查人的权益影响，以防误用、滥用。

（三）证明责任分配

证明责任分配即由谁对证明对象履行证明义务。实践中，纪检监察机关作为办案主体，通常应当承担证明被审查调查人涉嫌违纪的责任，但这并不意味着所有证明责任全部由纪检监察机关负责。党员和公职人员具有不同于一般公民的特殊身份，被审查调查人具有如实说明情况的义务，办案机关可以依纪依法要求其如实陈述。拒不陈述、说明或者故意虚假陈述、说明的，要承担相应的纪律、法律责任。基于被审查调查人的说明义务，可以允许其自行提供查询材料和相关书证，如银行流水、转账记录、工商登记资料等，经审查可认可其证据效力。同时，在适用自述、推定规则时，存在证明责任在纪检监察机关与被审查调查人之间的转移和分配。如被审查调查人推翻自述时，应由其证明翻供的合理性。而在被审查调查人提出不构成违纪处罚或者提出从轻、减轻处罚等于己有利的主张时，被审查调查人应当就其主张承担相应的提出证据责任。

此外，纪检监察机关在办案中，还存在不需要证明可直接认定的免证事由：一是自然规律以及定理、定律；二是众所周知的事由；三是根据党纪规定可适用推定规则的事由；四是已被仲裁机构的生效裁决所确认的事由；五是已被有效公证文书所证明的事由；六是司法机关的生效判决、裁定、决定所认定的事由等。除非被审查调查人提出相反证据，通常办案机关不需要对上述事由予以证明。

由于违纪案件与职务违法案件在表现、行为构成、证明要求等方面基本相同，违纪案件的特殊证明规则同样适用于职务违法案件。

第六节　职务违法、职务犯罪案件的证据适用

一、职务违法、职务犯罪的证据

职务违法、职务犯罪的证据适用是指监察机关在办理案件过程中，依法实施的证据收集、固定、审查和运用等一系列活动的总称。《监察法》第 33 条第 2 款规定，监察机关在收集、固定、审查、运用证据时，应当与刑事审判关于证据的要求和标准相一致。有的观点认为，由于对于职务违法和职务犯罪事实的证明，在概念、构成、调查权限与程序、法律责任等方面的明显差异，职务违法案件无须进入刑事审判程序，其后续处置与刑事审判程序差别很大，不宜简单将《监察法》的上述规定适用于职务违

法案件。笔者认为，监察调查工作实践中，在案件查办初期很难直接对案件到底是职务违法还是职务犯罪下结论，随着案件调查工作的推进，会不断产生新的判断。因此，应当从案件一开始就按照《监察法》和《监察法实施条例》的要求收集提取证据，只是在最终案件审查调查的处置上，根据不同性质的问题，采取不同的证明标准和证据标准。从证据运用的终局效果而言，职务违法须达到定性量纪的事实都有证据证实，达到令人信服的程度；职务犯罪须达到定罪量刑的事实都有证据证实，达到排除合理怀疑的程度。

结合证据法学理论和监察调查实践，职务违法和职务犯罪的证据原则应当包括证据为本原则、实事求是原则、依法原则、权利保障原则等，这些内容在《监察法》第5条、第40条第2款、第44条第2款、第45条第2款中都有相应体现。职务违法、职务犯罪的证据规则包括孤证不能定案规则、印证证明规则、最佳证据规则、分层递进规则、非法证据排除规则等，这些内容在《监察法》第25条第1款、第33条第2款和第3款、第40条第1款、第45条中均有体现。鉴于这些原则和规则在理论上和实务中均已达成共识，内涵比较确定，对于本书前述已涉及的内容，此处不再重复。

二、职务违法的证明标准和证据标准

职务违法案件中，证明标准是指证明主体运用证据综合评价职务违法案件事实所要达到的程度或要求，主要包括职务违法证据的审查标准、职务违法证据的证明力大小、要件事实间的协调贯通性、职务违法行为的证成强弱；证据标准是指对职务违法案件中收集、固定证据的审查判断所应达到的具体程度和要求，主要包括对证据能力、要件证据以及辅助证据等方面的审查判断。证据标准是证明标准综合评价体系的一个具体化方面，二者在表征上是对职务违法案件事实的二元评价模式，但相互作用、相互影响，纪检监察机关既要避免两个标准在审查调查证据收集、调查运用过程中的混同适用情形，也要从规范到实务层面对现有的审查调查证据“统一证据标准”进行矫正和重塑。关于职务违法的证明标准，《监察法》未作出明确的规定，《中华人民共和国公职人员政务处分法》将其规定为“事实清楚、证据确凿”，《监察法实施条例》第62条明确规定了职务违法案件的证明标准和证据标准：“监察机关调查终结的职务违法案件，应当事实清楚、证据确凿。证据确凿，应当符合下列条件：（一）定性处置的事实都有证据证实；（二）定案证据真实、合法；（三）据以定案的证据之间不存在无法排除的矛盾；（四）综合全案证据，所认定事实清晰且令人信服。”

职务违法案件证据标准，一是要明确证明对象和范围问题，回答职务违法案件“事实清楚”指的是哪些事实，即处理、处分决定所认定的与“定性处置”有关的主要职务违法事实都需要有证据证实，而不是全部事实；二是回答证据转化为定案根据的条件，即要求作为职务违法案件定案根据的证据应当经过《监察法》及相关法律法规规定的程序查证属实，具备关联性、真实性和合法性，每个相关事实至少有两个以上独立来源的证据，能够相互印证；三是提出职务违法事实的综合判断依据：办案人员经过对证实定性处置事实的全部证据的综合考量后认为，认定有关职务违法事实的根据清晰且令人信服，主要事实的证据之间不存在矛盾，或者是即便存在矛盾也能够得到合理的解释和排除。“清晰且令人信服”是指有足够的证据证实案件事实，根据这些证据所获知的事实虽然不需要达到排除合理怀疑的要求，但也要有非常高的确定性，通过符合常人认识规律及理性的判断，基本可以达到主观信服的程度。

三、职务违法案件的证明规则

《监察法实施条例》确定职务违法的证据标准，不仅仅是理论、法规层面的探索，其最终目的是更好地指导调查工作实践。为此，需要在证据标准的基础上，结合监察调查工作实际，对职务违法的证明规则加以具体研究。职务违法的证明规则主要包括以下几个方面：

（一）证明对象限定规则

证明对象是监察机关必须用证据予以证明或者确认的案件事实。职务违法的认定，需要围绕构成事实和情节事实精准取证，而不应为了渲染“故事”而人为过度取证。在具体证明对象的取证上，职务违法也有其特点。

1. 关于行为主体。一般情况下，对于职务违法案件，依法调取被调查人的干部任免表即可，对于人大代表相关材料、政协委员相关材料、户籍材料、身份证复印件、法人机构代码证书、工商登记材料等，如果已经在干部任免表中反映或者与处分无关则视具体情况进行调取。

2. 关于职务相关性。因职务相关性的含义相对宽泛，可根据具体情况调取证据，在一些具体证据数量上可酌情简化。如利用本人职权或者地位形成的便利条件，以及违反职务对应的特定义务等，可视情调取职责分工证明等材料。

3. 关于违法情节和结果。法律在规定职务违法情节和结果时，一般不作细化的界分，且有许多职务违法类型的构成要素中不包括结果内容。因此，情节和结果的证据标准相比违法构成事实而言可适当降低，以“能够区分处分档次”作为最低证明要求。

实践中，对于非法营利、收受礼品、公款吃喝等需要收缴利益的职务违法行为，在难以查证获利的具体金额时，可结合当事人交代作合理性判断。虽然获取利益属于非构成事实，但《监察法》明文规定监察机关经调查，对违法取得的财物应当依法予以没收、追缴或者责令退赔。因此，所得金额应当运用证据加以证明，并坚决依法予以追缴。实践中，当证据无法准确证明或者取证成本较高时，可以适当降低标准。例如，对于烟酒等常见礼品一般可不作真伪和价值鉴定，按照购买价值或者市场价值予以认定；已灭失的文物、黄金等真假不明的贵重物品，可结合票据等来源予以认定；确实无法调取其他证据证明的，可以按照被调查人或者当事人交代上缴或收缴，或者仅认定该利益存在而不认定具体价值。

（二）有责要素推定规则

在执法司法实践中，推定是指依据法律规定或经验规则所确立的基础事实与待证事实之间的常态联系，当基础事实确定时，可以认为待证事实自动成立的替代性司法证明方法。推定规则是运用法律规则、逻辑法则或经验法则由“已经得到确认的事实”推导出“待认定的事实”的过程。一般认为，推定可分为事实推定和法律推定。事实推定，是指基于经验法则和逻辑规则，由某一事实的存在而推定其他不明事实。法律推定，是指依照法律规定，当确认某一事实存在时，就应当据以认定另一事实的存在，而无须运用证据加以证明的认定案件事实的方法。法律推定的具体内容，包括基础事实、待证事实等，均需要在法律中明确规定。就职务违法而言，目前尚无此类规定。

对于职务违法的有责要素（主观要素），如果被调查人能够认错悔错，就可依据其自愿陈述直接认定，如果被调查人拒不交代或交代不清楚，可以通过其他证据之间的相互印证来推理认定。这里的推定属于事实推定，就是在公职人员违反法定职责义务实施客观职务违法行为，本人又拒不交代时，通过其他证据对违法要素的充分证明，运用推定规则来认定有责要素。

有责要素应当以直接证明为原则，以推定认定为补充，推定主要适用于有责要素证明难的案件。为防止有责要素推定规则被误用、滥用，需要注意两个方面的问题：一是推定结果并非最终结论，在性质上属于“可推翻的推定”，应当允许被调查人提出反证。只要被调查人的反证达到“具有可能性”的程度，监察机关就应当进行查证。如果监察机关查证后发现相关反证不成立，即可直接推定被调查人具有主观过错。二是主观要素推定规则并非有错推定。监察机关适用主观要素推定规则的前提是，对客观要素的证明已达到“清晰且令人信服”的标准，如果无法证明到此程度，则不得适用该证明规则。此时应当坚持无错推定原则，认定被调查人不构成职务违法。

（三）举证责任分配规则

举证责任是证明主体须依法收集或提供证据认定或阐明案件事实的责任。在职务违法案件中，举证责任主要由监察机关承担，即监察机关承担被调查人是否涉嫌一般违纪违法行为以及是否应当作出政务处分的证明责任，但在部分情况下被调查人同样需要承担说明义务或者举证责任。

1. 被调查人具有如实陈述和说明义务。基于国家与公职人员的特别权利义务关系，公职人员负有如实说明情况的特别义务。《监察法》第 20 条第 1 款规定，在调查过程中，对涉嫌职务违法的被调查人，监察机关可以要求其就涉嫌违法行为作出陈述，必要时向被调查人出具书面通知。这种陈述和说明并不解除监察机关的举证责任，但对监察机关收集证据无疑会起到重要的推进作用，故意作虚假的陈述、说明应作为重要的情节在处置中予以考虑。

2. 举证责任转移。职务违法案件调查中，存在举证责任在监察机关与被调查人之间转移的情形。当监察机关证明达到“清晰且令人信服”的程度，而被调查人提出了不构成职务违法或者从轻、减轻政务处分等于己有利的主张时，被调查人应当就其主张的部分承担举证责任，提供相应证据线索以供查核。例如，监察机关调查发现公职人员收受管理和服务对象的钱款涉嫌受礼或受贿问题时，被调查人可能会提出上述情况属于双方正常经济往来。对此类合理抗辩事由，举证责任转移至被调查人，但其证明标准只需达到合理的根据即可，不需要达到监察机关证明的标准。此时，被调查人仅就抗辩事由承担一定程度的举证责任，并不解除监察机关对整体案件事实的举证责任，监察机关仍要承担所提供证据无法达到法定证据标准的不利后果。

3. 允许被调查人自行提供查询材料和相关书证。基于被调查人如实陈述和说明的义务，对于其所提供的有关材料，经审查可以认可其证据效力，例如银行流水、转账记录、工商登记资料等。但是，对于有可能转化为职务犯罪的案件，为避免后期补证，不应使用相关材料作为证据。

（四）自愿陈述案件证明规则

自愿陈述是指被调查人向监察机关承认自己实施了具体的职务违法行为。自愿陈述需要被调查人以明确的方式确认，在职务违法案件中体现为自书材料、被调查人陈述等。基于职务违法调查的政治性、政策性和策略性，被调查人在接受监察机关细致的思想政治工作后，一般能够认识自己的错误并配合组织调查。

（五）法定事实免证规则

一般而言，众所周知的事实和自然规律及定理，以及法律规定或已知事实，属于免证事实。对免证事实，需要注意以下两类情况：

一是司法机关认定的犯罪事实。具体包括人民法院发生法律效力的有罪判决、免予刑事处罚判决以及检察机关相对或者法定不起诉决定。对于此类生效文书认定的事实，因其证据标准相对较高，认定职务违法时可作为免证事实。对于法院民事、行政诉讼判决和经公证机关公证的事实，因其证据标准相对较低，一般不直接作为职务违法的认定依据。

二是行政执法机关的生效决定认定的事实。这类事实，不能直接作为免证事实，仍需要立案核实。不过，监察机关无须全面重复取证，对于行政执法机关依法调取的物证、书证等可以直接作为证据使用，对于言词证据可以采取对关键证人进行重点复核的方式固定事实。

当然，上述证明规则并非一成不变的教条，需要根据职务违法的证据标准和案件具体情况进行把握，也需要以证据理念、原则作为指导，以事实清楚、证据确凿为实质追求的目标。

四、职务犯罪的证明标准和证据标准

按照《监察法》第33条第2款的规定，监察机关在收集、固定、审查、运用证据时，应当与刑事审判关于证据的要求和标准相一致。根据《监察法》第45条、《刑事诉讼法》第55条以及《监察法实施条例》第63条的规定，监察机关调查终结的职务犯罪案件，应当事实清楚，证据确实、充分。证据确实、充分，应当符合下列条件：（1）定罪量刑的事实都有证据证明；（2）据以定案的证据均经法定程序查证属实；（3）综合全案证据，对所认定事实已排除合理怀疑。

职务犯罪案件证据标准，一是明确作为认定被调查人（犯罪嫌疑人或被告人）犯罪、犯何种罪，决定是否对其判处刑罚、判处何种刑罚的依据的事实，包括构成某种犯罪的各项要件和影响量刑的各种情节，都有办案机关经法定程序收集的证据证明。这是“证据确实、充分”的基础。二是经过办案机关按照法律规定的程序包括非法证据排除程序的验证，作为定案根据的证据被认定属实。这一条件侧重认定证据“确实”的方面。三是办案人员在每一证据均查证属实的基础上，经过对证据的综合审查，运用法律知识和逻辑、经验进行推理、判断，对认定的案件事实达到排除合理怀疑的程度。“排除合理怀疑”是指对于认定的事实，已没有符合常理的、有根据的怀疑，实际上达到确信的程度。“证据确实、充分”具有较强的客观性，但实践中，这一标准是否达到，还是要通过办案人员的主观判断，以达到主客观相统一。只有对案件已经不存在合理怀疑，形成内心确信，才能认定案件“证据确实、充分”。

需要明确的是，虽然违纪、职务违法和职务犯罪三类案件在证明标准上存在差异，但是三者所依据的证据都必须是“确实”的，都必须具有真实可靠性，只不过在违纪案件中，只要达到“明确合理可信”的程度，执纪上就可以认定其为“充分”了；而在职务违法案件中，则要当证明达到了“清晰且令人信服”的程度，法律上才认可其“充分”；职务犯罪案件中，认定案件事实的证据“确实、充分”的内涵应当上升至排除合理怀疑的程度。

五、职务犯罪案件的证据规则

本书前述的关于证据原则和规则，从证据学的角度看，有一些是在违纪、职务违法和职务犯罪三类案件中通用的，且在理论上和实务中均已达成共识，内涵比较确定，这里就不再进行重复论述。对于其他未涉及的，在职务犯罪案件中较为常见的证据规则，包括非法证据排除规则、瑕疵证据补正规则、口供补强规则、意见证据规则、最佳证据规则、隐蔽性证据规则等，作一补充。

（一）非法证据排除规则

如前所述，《监察法》第 40 条规定，严禁以威胁、引诱、欺骗及其他非法方式收集证据。第 33 条规定了以非法方法收集的证据应当依法予以排除。《监察法实施条例》《监督执法工作规定》对非法收集证据也作出了相关规定。近年来，纪检监察机关高度重视依规依纪依法安全文明办案，出台了一系列规章制度加以规范，特别是《监察法》颁布实施后，对高质量开展审查调查工作，提出了新的更高的要求。纪检监察机关是政治机关，审查调查工作具有很强的政治属性，必须坚持把思想政治工作贯穿于审查调查工作全过程和各个环节，着力在教育人、转化人、挽救人上下功夫，提高审查调查工作质量。同时，监察机关对公职人员职务犯罪行为的调查展开是职务犯罪追诉程序中的首要环节。审查调查人员在办案工作中，必须熟悉刑事诉讼的法律要求和相关规定，善于吸取借鉴司法实践中的经验和教训，高度重视非法证据排除规则，坚决杜绝通过非法手段获得证据，对于不符合证据合法性要件、不具备证据能力的证据，应当主动予以排除。

（二）瑕疵证据补正规则

瑕疵证据补正规则，是指对取证中出现的瑕疵证据应当及时补正或者作出合理解释，不能补正或者作出合理解释的应当予以排除。瑕疵证据是指取证程序或者形式上存在一定问题的证据，比如言词证据缺少调查人员的签名、调取书证复印件缺少制作过程的说明、搜查中缺少见证人等。瑕疵证据区别于非法证据，主要是违法程度不同。非法证据是严重损害被调查人合法权益的证据，而瑕疵证据则是取证程序有轻微违法。

（三）口供补强规则

口供补强规则是适用于口供的证据规则，是证据相互印证规则的重要内容。由于职务犯罪案件通常是以口供为中心建构证明体系，口供的重要性不言而喻。为防止以刑讯逼供等非法方式取证，确保口供证据的真实性，法律禁止以口供作为有罪判决的唯一依据，要求提供其他证据予以“补强”和“印证”。《刑事诉讼法》第 55 条规定，“只有被告人供述，没有其他证据的，不能认定被告人有罪和处以刑罚”，这就要求我们不仅要注重获取被调查人的口供，还要注意收集其他证据，尤其是书证、物证等客观性证据。

（四）意见证据规则

意见证据规则是适用于证人证言的证据规则，是指某种源于证人所亲身感知的事实而作的具有猜测性、评论性和推断性的意见、推理或结论。根据刑事诉讼的相关规定，在我国意见证据不得作为证据使用，但根据一般生活经验判断符合事实的除外。意见证据规则要求证人只能对其亲身感知、见证的情况提供证言，防止证人对案件事实的认定产生误导。需要指出的是，专家证人与普通证人不同，专家证人是在某一领域具有专业知识和经验的人，其可以对所在领域的专门性问题发表专业意见。

（五）最佳证据规则

最佳证据规则是一项历史悠久的证据规则，主要适用于书证、物证。当多个证据对案件事实都有证明力时，应当选择最令人信服和最有说服力的证据，比如原件与复印件相比优先选择原件。这是基于对证据来源和真实性的考虑，复印件容易伪造，所以复印件必须说明来源，并要与原物原件核对无误。《监察法》第25条规定，采取调取、查封、扣押措施，应当收集原物原件；而《刑事诉讼法》及相关司法解释规定并未严格要求必须是原物、原件，在调取原物、原件确有困难的情况下，也可以使用能够反映原物外形和特征的复制品、复制件等。

（六）隐蔽性证据规则

隐蔽性证据，是指只有少数当事人知情的证据。2010年“两高三部”《关于办理死刑案件审查判断证据若干问题的规定》最早明确了隐蔽性证据规则，起初主要适用于死刑案件。《最高人民法院关于适用〈中华人民共和国刑事诉讼法〉的解释》将该规则适用于所有刑事案件。

该司法解释规定，根据被告人的供述、指认提取到了隐蔽性很强的物证、书证，且被告人的供述与其他证明犯罪事实发生的证据相互印证，并排除串供、逼供、诱供等可能性的，可以认定被告人有罪。基于隐蔽性证据的当事人亲历性特点，证据的证明力较强。以权钱交易为主的职务犯罪案件中，要注意尽可能全面收集隐蔽性证据，比如当事人交代的受贿地点、贿赂物的特征、证据材料和赃款藏匿地点等，并据此延伸调取有关物证、书证。

以上对审查调查证据的基本概念、理论进行了梳理。无论是纪律审查还是监察调查，收集、固定违纪、职务违法和职务犯罪证据，是作出处理、处分、处置的前提和基础，必须依规依纪依法调取证据。尽管三类案件的纪法原理、证据能力、证明力、证明标准、证据标准、证据适用等不尽相同，但这并不意味着这三类案件在取证质量和工作要求上有所区别，为保证审查调查工作高质量发展，在收集、固定证据中必须坚持高标准、严要求，把握好审查调查证据的各项规范。审查调查取证规范涵盖了证据的种类，证据的收集、审查和运用的程序、规则和形式，以及运用证据进行证明的主体、对象、标准和责任分配等多项内容，承载着调查取证工作的各类要求，具有极强的统摄力。在证据适用过程中，既要围绕行为构成，客观全面收集能够证明案件事实的证据，又要防止不计成本，搞过度取证。

第二章　纪检监察言词类证据的收集与固定

言词类证据是以言词陈述为载体的证据形式，是纪检监察机关审查调查中最常见的证据种类。如前所述，言词类证据由于受人的记忆力、表达力、诚信度等因素影响，具有主观性、易变性等特征，其优点是关联性较强，缺点是存在较高的虚假风险。在审查调查中，要特别注意言词证据内容的真实性和稳定性。

第一节　纪检监察言词类证据概述

一、审查调查言词类证据的概念

言词类证据是指通过人的陈述的形式来证明有关事实的证据。本书研究的审查调查言词类证据系纪检监察机关审查调查期间收集的用于证明被审查调查人可能存在犯罪事实、请求司法机关依法审查，并据此追究刑事责任的言词证据材料的总称。在审查调查工作中，言词类证据主要包括被调查人陈述、供述和辩解，证人证言，被害人陈述等。言词类证据一般通过谈话、询问、讯问等措施来收集固定。

（一）被调查人陈述

被调查人陈述，是指纪检监察机关在初步核实的过程中，采取询问、谈话的方式获得的被审查调查人询问、谈话笔录材料。

（二）被调查人供述

被调查人供述，是指被审查调查人对于涉及职务犯罪但监察机关尚未完全掌握的行为和事实向监察机关如实交代而形成的证据材料。

（三）被调查人辩解

被调查人辩解，是指被审查调查人针对监察机关已经掌握的犯罪行为和事实进行的辩解。

（四）证人证言

证人证言，是证人就自己所知道的与案件有关的情况向纪检监察机关所作的陈述。

（五）被害人陈述

被害人陈述，是受到行为发生导致伤害的受害者向纪检监察机关所作的陈述。被害人陈述在审查调查证据中较为少见，一般是党员、公职人员违纪、职务违法或职务犯罪过程中，造成他人损失的案件中会出现，多用于滥用职权、玩忽职守等案件中。

二、收集言词类证据的基本要求

（一）收集言词类证据必须严格依规依纪依法

为获取真实、有效的言词证据，在审查调查中要注意正确运用政策、策略和方法。要注意通过政策法规教育、情感引导，促使被谈话、讯问或询问的人员（本书统称为“谈话对象”）消除对抗心理，如实回答审查调查人员提出的问题；注意从内心尊重谈话对象，平等待人；注意换位思考，研究谈话对象的心理状态，打消其思想顾虑；注意抓住关键问题进行谈话，防止谈话对象顾左右而言他；注意选择适当时机和方法向谈话对象出示必要证据。

（二）严禁以暴力、威胁、引诱、欺骗及其他非法方式收集言词类证据

按照《监督执纪工作规则》《监察法》《监察法实施条例》等有关规定，审查调查期间，对被审查调查人以同志相称，安排学习党章党规党纪以及相关法律法规，开展理想信念宗旨教育，通过深入细致的思想政治工作，促使其深刻反省、认识错误、交代问题。审查调查应当充分听取被审查调查人陈述，保障其饮食、休息，提供医疗服

务，确保安全。严格禁止使用违反党章党规党纪和国家法律的手段，严禁逼供、诱供、侮辱、打骂、虐待、体罚或者变相体罚。在审查调查中，凡经查证确实属于采用上述非法手段取得的被调查人陈述、供述和辩解，证人证言，被害人陈述，不能作为证据使用。同时，相关规定还要求在讯问、询问中不能对被审查调查人或证人恶言相向，进行精神上的折磨；不能以某种不可能实现或不准备实现的许诺为诱饵，套取被调查人的供述；不能将一些未经查实的案件事实或情节指出来，或以没有根据的假设、推测引导被审查调查人和证人；不能在谈话中提问中包含希望得到的回答，而使被审查调查人“顺杆爬”。

言词类证据合法性问题是审查调查实践中的一个突出问题，也是最容易在审查起诉、审判阶段引起争议的一个薄弱环节。因此，要把握好审查调查谈话的“道”与“术”的关系，增强谈话突破能力，提高做好思想政治工作的水平，让被审查调查人和相关涉案人员心服、口服。

监察机关证明调查取证合法性的方式包括讯问（询问）时的同步录音录像以及被审查调查人在留置期间的体检及医疗记录等，审查调查部门要把留置对象的体检、医疗记录单独立成卷留存备查，在司法机关认为需要对证据合法性进行审查时，按程序移送上述材料和同步录音录像。其中，审查调查中要着重把握同步录音录像与讯问

（询问）笔录一致性的问题，着力发现和纠正以下情况：一是同步录音录像反映的谈话内容与笔录记载的内容是否一致；二是被审查调查人对有关案件事实的辩解是否如实记录；三是同步录音录像中是否有诱导性发问等取证不规范行为。

第二节 被调查人陈述、供述和辩解的收集与固定

一、被调查人陈述、供述和辩解概述

被调查人陈述、供述和辩解是指被审查调查人就与案件有关的事实情况向纪检监察机关所作的陈述，既包括承认自己有错、有罪的陈述和供述，也包括声称自己无错、无罪或错轻、罪轻的辩解。

《监督执纪工作规则》第 43 条第 2 款规定："审查调查应当充分听取被审查调查人陈述，保障其饮食、休息，提供医疗服务，确保安全……"《监察法》第 20 条第 2 款规定："对涉嫌贪污贿赂、失职渎职等职务犯罪的被调查人，监察机关可以进行讯问，要求其如实供述涉嫌犯罪的情况。"因此，纪检监察机关在开展审查调查工作中，可以通过谈话、讯问等措施和方式收集固定被审查调查人

陈述、供述和辩解。此外，被审查调查人请求自行书写陈述材料或供述和辩解的，审查调查人员应当准许；必要时，审查调查人员也可以要求被审查调查人亲笔书写陈述、供述和辩解材料。

须肯定“被调查人陈述、供述和辩解”作为法定证据种类的独立性，即“被调查人陈述、供述和辩解”是一种全新、独立的证据种类，而非“犯罪嫌疑人、被告人供述和辩解”在调查程序中的别称。纪检、监察机关作为党内监督和国家监察专责机关，依照党章党规党纪和国家法律法规履行监督、执纪、问责和监督、调查、处置职责，不仅负责对违犯党的纪律、职务违法和职务犯罪进行审查调查，还负责对党员和公职人员开展党风廉政教育，对其依规依法履职、秉公用权、廉洁从政从业以及道德操守情况进行监督检查；对违纪违法的党员和公职人员依纪依法作出党纪或者政务处分决定，对履职不力、失职失责的领导人员进行问责，向纪检监察对象所在单位提出纪律检查建议和监察建议等。因此，纪检监察机关在收集、固定被调查人陈述、供述和辩解的过程中，既要严格依照党章党规党纪和监察法、刑事诉讼法律法规的相关规定，还要全面履行纪检监察机关的工作职责，注重做好被审查调查人的思想政治工作，深挖思想根源，靠组织关怀感化教育人、挽救人、转化人，让被审查调查人真心认错、悔错、改错。同时，监察机关也要充分保障被调查人辩解的权利，有助于及时排除监察机关掌握的错误或不实证据，早日发现案件真相。

二、采取讯问措施收集被调查人陈述、供述和辩解

按照《监督执纪工作规则》《监察法》《监察法实施条例》的规定，纪检监察机关主要采取谈话和讯问措施来收集、固定被调查人陈述、供述和辩解。

讯问是指在职务犯罪中，监察机关为了查明事实真相、收集证据，依照法定程序通过提问与回答的言词方式，获取被调查人职务犯罪事实的供述、辩解及其他证据，并加以固定的调查措施。讯问是《监察法》赋予监察机关对涉嫌贪污贿赂、失职渎职等职务犯罪及被调查人开展调查活动的一项重要权限，是查明职务犯罪事实、收集固定证据的重要手段。

（一）适用对象

监察机关对涉嫌职务犯罪的被调查人，以及由本机关采取立案措施的涉嫌行贿犯罪或者共同职务犯罪的涉案人员，在立案后应当依法采取讯问措施，要求其如实供述涉嫌犯罪情况。

（二）适用主体

采取讯问措施，必须以监察机关名义进行，纪委不能采取讯问措施。

（三）适用阶段

根据现行有效法律法规规定，讯问只能在立案后采取。

（四）审批权限

根据现有规定，对被调查人和涉案人员采取讯问措施的前置程序是立案。立案后，即应该依法进行讯问。因此，法律法规对立案后进行的讯问，并未再另行规定审批程序。

（五）讯问的主要流程

1. 做好讯问前的准备工作

讯问前，调查人员要做充足准备，避免匆忙上阵，力求讯问工作高质量开展。

（1）要分析被调查人的心理状态，研究被调查人的基本情况。包括被调查人的基本情况、成长经历、个性特点、家庭情况、社会关系、身体健康状况等。

（2）要熟悉监察机关调查职务犯罪案件的有关法律、法规，包括实体性法律法规和程序性法律法规。同时，也要熟悉与被调查人相关的社会信息以及被调查人所在地区或行业的相关政策等情况。

（3）要全面熟悉和掌握案件情况，对已收集的证据材料进行归纳总结，拟定讯问方案和讯问提纲。其中，讯问方案内容主要包括讯问的目的和要求，讯问的时间、地点，讯问的重点，讯问的步骤、方法和突破口，讯问中可能发生的意外情况以及应急办法等；讯问的内容主要包括准备向被讯问人提出的问题，提问的方式方法，被讯问人可能提出的辩解及对策，在讯问中，需要使用的证据和使用的时机、方式，讯问中的注意事项等。讯问中，调查人员禁止对被讯问人作出不恰当的承诺，避免使用诱导性语言。

（4）准备好录音录像设备。

2. 开展首次讯问

根据监察机关职责以及《监察法》《监察法实施条例》和刑事诉讼的相关规定，监察机关对涉嫌职务犯罪的被调查人进行首次讯问，应按照相关要求进行。

（1）首次讯问时，调查人员应当向被讯问人出示工作证件和《讯问通知书》，并由被讯问人本人在《讯问通知书》上签名、捺指印确认。被讯问人拒绝签名、捺指印的，审查调查人员应当在文书上记明。

（2）首次讯问时，应告知被讯问人如实供述自己罪行可以从宽处理等相关权利和义务，并由被讯问人本人在《被讯问人权利义务告知书》上签名、捺指印确认。

（3）首次讯问时，应告知被讯问人，监察机关将依法对讯问全过程进行同步录音录像。

（4）被讯问人因涉嫌职务犯罪被立案调查的，首次讯问时，应当向被讯问人宣布立案调查决定。

（5）首次讯问应查明被讯问人的基本情况，包括姓名、性别、出生年月日、民族、籍贯、国籍、身份证件种类及号码、政治面貌、文化程度、工作单位及职务、工作简历、住所、家庭情况、社会经历、联系方式，是否担任党代表、人大代表、政协委员，是否受过党纪或政务处分，是否受过刑事处罚或行政处理等。在此后的讯问中，如无特殊情况，可不再讯问被讯问人的这些基本情况。

（6）首次讯问时，应讯问被讯问人的身体状况，有无疾病或病史，能否听懂问话和正确表达自己的意见。

（7）首次讯问时，审查调查人员应当讯问被讯问人是否有犯罪行为，让他陈述有罪的情节或者无罪的辩解，然后向他提出问题。考虑到职务犯罪往往与职务违法相交织，监察机关应全面了解被讯问人涉嫌违法与犯罪的相关事实。

（8）首次讯问应注意了解被讯问人到案经过相关内容，在定案时用以认定被讯问人是否构成自首等情节。

（9）对已拟定讯问方案和讯问提纲的，应按照方案和提纲开展讯问工作。

三、讯问笔录

实践中，讯问笔录主要是用于固定被调查人或本机关立案的行贿犯罪、共同职务犯罪涉案人员的犯罪证据，笔录用“监察机关”的单头笔录制作。讯问必须全程同步录音录像，并告知被讯问人。告知情况应当在录音录像中予以反映，并在笔录中记明。讯问被留置的被调查人，应当在留置场所进行。

讯问笔录是被调查人陈述、供述和辩解的主要表现形式，其制作是否依法合规，直接决定着被调查人陈述、供述和辩解的证据效力。调查人员制作讯问笔录，应注意以下方面：

（一）讯问笔录形式方面

1. 讯问笔录应详细记录谈话信息和被调查人的基本情况。笔录的时间精确到分，地点具体到房间。其中，谈话信息包括讯问时间，地点，调查人员姓名，权利义务告知情况，同步录音录像，所供述事实发生的时间、地点、情节、结果以及其他有关事实等；被调查人基本情况包括姓名、性别、出生年月日、民族、籍贯、国籍、身份证件种类及号码、政治面貌、文化程度、工作单位及职务、工作简历、住所、家庭情况、社会经历、联系方式，是否担任党代表、人大代表、政协委员，是否受过党纪或政务处分，是否受过刑事处罚或行政处理，身体健康状况等。

2. 讯问笔录应当交被调查人核对，对于没有阅读能力的，应当向被调查人宣读。如果记载有遗漏或者差错，被调查人可以提出补充或者改正。被调查人核对无误后，应在笔录末页结束处签写“以上笔录共×页，我已看过（或向我宣读过），和我说的相符”，并签名、写明日期、捺指印；同时，还要逐页在笔录上签名和捺指印，签名要字迹清晰可辨；如果记载有遗漏或差错，应在笔录补充或修改处捺指印。被调查人拒绝签名、捺指印的，调查人员应该在笔录中注明。

3. 讯问笔录制作完成后，调查人员需现场在笔录上分别签名，要求字迹清晰可辨。同时，要避免代签行为的发生，不能出现同一调查人员在同一时段对多个被调查人开展讯问的情况。

4. 在讯问结束时应与被调查人核实以下问题，并记录在讯问笔录中：“本次讯问中，有无暴力、威胁、引诱、欺骗或者以其他非法方法获取证据的情形？”“你还有什么要补充的吗？”“你以上所讲是否属实？”“有无检举、揭发？”等。

（二）讯问笔录内容方面

1. 讯问笔录应尽量使用被调查人原话，忠实于谈话真实情况。讯问笔录记录的内容应与同步录音录像相一致或意思相符。

2. 从有利于固定证据和法庭质证角度，既要制作系统全面的讯问笔录，还要视情区分涉嫌犯罪问题，分别制作过程性讯问笔录。对于重要问题，可以通过多份讯问笔录予以固定。

3. 在制作笔录过程中，调查人员要注意核实被调查人供述与其他证据不一致之处，但不应该刻意追求被调查人供述和其他证人证言之间的高度一致，更要杜绝笔录间的相互复制粘贴现象，对不影响证据效力的记忆误差，应在笔录中客观反映。

4. 讯问笔录要注意记录被调查人陈述、供述和辩解的相关细节，避免问题浮于表面，给被调查人留下进一步辩解的空间，或者给证明案件事实制造困难，特别是对被调查人提出辩解的，要通过追问细节判断辩解是否合理。如被调查人家属收受财物后将有关情况告知被调查人的，笔录不能只注重记录是否告知的结果，更应注重告知的具体情形和内容以及是否有其他见证人等。

5. 讯问期间应明确被调查人的身体状况和认知能力等，注意在讯问笔录中详细记载保障被调查人饮食和休息的有关情况。

6. 以合法的形式开展，避免指示性和诱导性提问，要通过客观事实或找到其辩解的不合理之处，促使被调查人主动交代，讲清问题。实践中，需警惕监察机关工作人员为发现事实、打击犯罪的需要，以暴力、威胁、引诱等非法方法强迫被调查者承认不实的职务犯罪事实。

制作讯问笔录要全面客观地反映讯问过程，尽可能摒除调查人员的主观判断，客观反映被调查人的言语习惯。一是首次讯问时告知被讯问人如实供述自己罪行和认罪认罚可以从宽处罚的法律规定，并将问答情况在讯问笔录中记明。二是多次作出供述（陈述）且内容不一致的，应要求被讯问人明确以哪次为准，并说明理由。三是讯问笔录应反映谈话的实际过程，应当全程录音录像，笔录记载的内容与讯问录音录像不能存在实质性差异，避免出现笔录内容高度重合、缺乏过程笔录等问题。对于谈话中关于休息、就餐情况，以及上厕所、思考、哭泣等其他情况，客观反映到笔录中。四是讯问笔录必须注明讯问起止时间。五是在讯问中要规范执行“出示工作证件”的规定。《监察法》《监督执法工作规定》明确规定，采取讯问等调查措施，均应当依照规定出示证件。目前，制作的讯问笔录的第一段基本都会表述“出示工作证件”等内容，但实际工作中，有的调查人员并未实际向讯问对象出示工作证件。调查操作程序要严格执行有关规定，确保笔录与讯问过程一致。

四、采取谈话措施收集被审查调查人陈述

谈话措施是指纪检监察机关直接或者委托有关组织、单位，对有问题线索反映，可能发生违纪、职务违法的党员、公职人员，以面对面的方式了解情况或者予以提醒的活动。《监督执纪工作规则》将采取谈话函询作为处置问题线索的一种方式。《监察法》明确规定对可能发生职务违法的监察对象可以进行谈话或者要求其说明情况。由此可见，谈话既是纪检监察机关审查调查党员、公职人员违纪、职务违法的措施手段，也是对党员、公职人员进行监督的重要方式。谈话措施源于党内监督制度。《中国共产党党内监督条例》规定，党内监督必须把纪律挺在前面，运用监督执纪“四种形态”，经常开展批评与自我批评、约谈函询，让“红红脸、出出汗”成为常态。《监察法》以法律的形式将谈话作为一种调查措施，其目的就是使监察工作与党内监督执纪相贯通，使谈话成为一种法律手段。

（一）适用对象

根据相关规定，纪检监察机关在问题线索处置阶段，可以与可能违纪或者职务违法的党员、监察对象以及相关知情人员进行谈话；在初步核实中，可以与涉嫌违纪或者职务违法、职务犯罪的被核查人及相关知情人员进行谈

话；在审查调查中，可以与涉嫌违纪或者职务违法的被审查调查人及相关知情人员进行谈话。在监督执纪中，向证人等相关知情人员了解情况的，应当使用谈话措施；在监督执法中，应当使用询问措施。

（二）适用主体

根据《监督执纪工作规则》的规定，谈话应当由纪检监察机关相关负责人或者承办部门负责人进行，可以由被谈话人所在党委（党组）、纪委监委（纪检监察组、纪检监察工委）有关负责人陪同。谈话也可以委托有关组织、人员进行。委托有关组织、人员进行的，应当由纪检监察机关委托被谈话人所在党组织的主要负责人进行。不管是纪检监察机关直接谈话还是委托有关组织、人员谈话，谈话人员不得少于 2 人。纪检机关和监察机关均可以采取谈话措施。

（三）适用阶段

在问题线索处置、初步核实和立案调查阶段，均可以使用谈话措施。

（四）审批权限

根据相关规定，对同级党委管理的正职领导干部采取谈话措施的，应当报同级党委主要负责人审批。对同级党委管理的副职领导干部采取谈话措施的，报同级纪委监委主要负责人审批。对同级党委管理干部以外的人员采取谈话措施的，报同级纪委监委分管领导审批。

（五）文书手续

根据相关规定，初步核实阶段的首次谈话，承办部门应当向谈话对象出示《被核查人权利义务告知书》；立案审查调查后的首次谈话，承办部门应当向谈话对象出示《被调查人权利义务告知书》。根据相关规定精神理解，上述谈话对象是指被初核对象或被立案审查调查的对象。

至于对问题线索处置阶段、初核阶段、监督执纪中的相关知情人员使用谈话措施的，目前对权利义务告知程序并未作出硬性约束。如果办案部门认为需要告知权利义务，只要上述人员不是由本机关立案的，应该属于证人身份，按照相关规定，由办案部门出示《证人权利义务告知书》为宜。

至于在问题线索处置阶段，与可能违纪或者职务违法的党员、监察对象进行谈话的，目前规定对权利义务告知程序也并未作出硬性约束。实践中，鉴于上述工作尚未进入审查调查阶段，仍属于日常监督工作范畴，出于安全考虑，不宜机械强调文书的使用，避免增加谈话对象的心理压力。

此外，谈话对象未被限制人身自由的，纪检监察机关还应当在首次谈话时向其出具《谈话通知书》。谈话对象由相关人员陪同的，执纪执法人员应当与陪同人员办理交接手续，并填写《陪送交接单》。对已被限制人身自由的谈话对象，执纪执法人员首次谈话时不需要出具谈话通知文书，按照已批准的工作方案进行谈话即可。其中，与在押的犯罪嫌疑人、被告人谈话的，应当持以监察机关名义出具的介绍信、工作证件，商请有关案件主管机关依法协助办理；与在看守所、监狱服刑的人员谈话的，应当持以监察机关名义出具的介绍信、工作证件办理。

五、谈话笔录

采取谈话措施与谈话对象进行谈话的，形成笔录时应制作谈话笔录。谈话笔录为“纪检机关和监察机关”的双头笔录。根据《监察法实施条例》第 74 条的规定，与涉嫌严重职务违法的被调查人进行谈话的，应当全程同步录音录像，并告知被调查人。告知情况应当在录音录像中予以反映，并在笔录中记明。关于谈话笔录形式与内容方面的要求，总体上同讯问笔录制作的要求一致，前文已作阐释，此处不再赘述。

需要注意的是，谈话笔录应当在谈话现场制作；但现有规定并未要求每次现场谈话都要形成谈话笔录，谈话笔录可以在证据固定需要时制作。被谈话人请求自行书写说明材料的，应当准许。根据固定证据的需要，审查调查人员也可以要求被谈话人自行书写说明材料。

第三节　证人证言的收集与固定

证人就自己所知道的与案件有关的情况向纪检监察机关所作的陈述，是证人证言。《监督执纪工作规则》第 34 条规定，核查组经批准可以采取必要措施收集证据，与相关人员谈话了解情况，要求相关组织作出说明。《监察法》第 21 条规定："在调查过程中，监察机关可以询问证人等人员。"根据《监察法》第 33 条的规定，依法收集的证人证言在刑事诉讼中可以作为证据使用，监察机关在收集、固定、审查、运用证据时，应当与刑事审判关于证据的要求和标准相一致。因此，纪检监察机关在审查调查中，必须按照党内有关法规、监察法律法规和刑事诉讼法律法规的有关规定，收集、固定证人的证言。

纪检监察机关在收集、固定证人证言时，可采取谈话、询问两种审查调查措施。对于使用谈话措施收集证人证言的，可参见本书前节的有关内容。对于使用询问措施收集、固定证人证言的，要结合监察机关调查职务违法和职务犯罪案件的特点以及刑事诉讼的相关规定，做好有关工作。

一、采取询问措施收集证人证言

（一）适用对象

根据《监察法实施条例》第 85 条的规定，监察机关按规定报批后，可以依法对证人、被害人等人员进行询问，了解核实有关问题或者案件情况。实践中，除了在单纯的监督执纪工作中与证人、被害人等知情人员了解情况使用谈话措施外，审查调查组向被调查人以及由本机关采取立案措施的行贿人、涉案人以外的其他全部人员了解情况时，均采用询问措施，避免文书使用过程中造成混乱。需要注意的是，《监察法实施条例》在以列举方式表述询问对象时，比《监督执法工作规定》多了“被害人”的表述，主要是考虑到监察调查涉及 101 个罪名，在一些案件中被害人是不同于一般证人的比较特殊的询问对象，而且《监察法实施条例》已经把“被害人陈述”单独作为证据种类加以表述。

（二）适用主体

采取询问措施，必须以监察机关名义进行，纪委不可以采取询问措施。

（三）适用阶段

询问措施既可以在立案前的初核阶段使用，也可以在立案后使用。

（四）审批权限

根据相关规定，询问应当按照以下程序报批：

1. 询问同级党委管理的正职领导干部，报同级党委主要负责人审批。

2. 询问同级党委管理的副职领导干部，报监委主要负责人审批。

3. 询问前两项规定以外的同级党委管理的干部，报监委分管领导审批。

4. 询问前三项规定以外的人员，报承办的监督检查部门、审查调查部门主要负责人审批。

（五）文书手续

首次询问时，应当向证人出示《证人权利义务告知书》，由其签名、捺指印。证人拒绝签名、捺指印的，调查人员应当在文书上记明。证人未被限制人身自由的，应当在首次询问时向其出具《询问通知书》。其他手续要求，与谈话措施相同，不再重复。

（六）其他要求

1. 收集证人证言由监察机关审查调查人员进行，审查调查人员不得少于 2 人，并应出示相关证件和《询问通知书》。同时，询问应当个别进行，并在首次询问时告知证人相关权利和义务。《询问通知书》和《证人权利义务告知书》均应由证人签名、捺指印。

2. 询问证人时，可以到证人工作地点、住处或者证人提出的地点进行，必要时也可以通知证人到指定地点。在首次询问笔录中要客观记明询问地点及其性质（证人工作地点、住所或其他场所）以及是如何确定的（由本人提出或监察机关指定等），并由审查调查部门就询问地点的性质统一作出书面说明。需要强调的是，对监察机关指定的询问地点不以证人同意为前提，但应征求证人有无异议。如果证人明确提出反对在某地接受询问的意见并说明合理理由的，审查调查部门应慎重研究，必要时可以重新确定询问地点，以确保询问工作依法稳妥顺利进行。

3. 询问前，要了解证人与案件及被审查调查人有无利害关系，了解证人的思想品质、心理素质、身体状况等，并制定询问方案、询问提纲。询问方案的内容主要包括：询问需要解决和证明的主要问题，询问的时间、地点，询问的重点，询问中可能发生的意外情况以及应急办法等。询问提纲的内容主要包括：准备向被询问人提出的重点问题，询问的方式方法，询问中需要使用的证据与使用证据的时机、方式，询问中的注意事项，是否需要有关部门、单位或个人的协助等。

4. 询问证人时，应当问明证人的基本情况以及与被调查人的关系，但不得向证人泄露案情。询问证人时，应保证证人饮食和必要的休息时间，单次询问不得超过 12

个小时，当日询问不得晚于22时，不得采用羁押、暴力、威胁、引诱、欺骗以及其他非法方法获取证言。涉及党和国家秘密、商业秘密及个人隐私的证言，应当严格保守秘密。

二、询问笔录

询问笔录用于固定证人、被害人等人员的证言，询问笔录用“监察机关”的单头笔录制作。需要注意的是，涉嫌行贿和共同职务犯罪的涉案人员，如果不是本机关采取立案措施，对本案来讲也作为证人取证，使用询问措施。其中，询问重大或者有社会影响案件的重要证人，应当对询问过程全程同步录音录像，并告知证人。告知情况应当在录音录像中予以反映，并在笔录中记明。具体要求有：

1. 询问笔录应当现场制作，内容忠实于原话，对审查调查人员的提问要尽量记得简要，对证人的回答则要尽量记录详细具体；不仅要记录对被审查调查人不利的内容，还要记录对被审查调查人有利的内容；笔录的结构要件要完整，记录的谈话内容要真实、准确、全面、清楚。询问笔录还要详细记录谈话信息和证人的基本情况。其中，谈话信息包括：询问的时间、地点，审查调查人员姓名，权利义务告知情况，所证实事实发生的时间、地点、情节、结果以及其他有关事实等；证人基本情况包括：姓名、性别、出生年月日、民族、籍贯、国籍、身份证件种类及号码、政治面貌、文化程度、工作单位及职务、工作简历、住所、家庭情况、社会经历、联系方式，是否担任党代表、人大代表、政协委员，是否受过党纪或政务处分，是否受过刑事处罚或行政处理，身体健康状况等。

2. 询问笔录最后应注意询问以下问题，“本次询问中，有无虐待体罚、威胁、引诱、欺骗或者以其他非法方法获取证据的情形?”“你还有什么要补充的吗?”“你以上所讲是否属实?”等。

3. 询问笔录制作完成后，应当交被询问人核对，对没有阅读能力的被询问人，应当向其宣读。如果记载有遗漏或者差错，应当由证人在笔录上改正或补充，对笔录的修改内容，应由证人捺指印。证人核对无误后，应在笔录末页写明“以上笔录共 × 页，我已看过（或向我宣读过），与我讲的相符”，并在笔录上逐页签名、捺指印。审查调查人员需要现场在笔录上分别签名。

4. 证人请求自行书写情况说明的，应当准许。必要时，审查调查人员也可以要求证人亲笔书写情况说明。证人应当在自书材料上逐页签名、捺指印，并在末页写明日期；审查调查人员应当在首页写明接收的日期，并签名。

5. 对不通晓普通话和规范汉字的少数民族证人进行

询问，审查调查部门应当联系相关地方民族事务委员会或者民族院校推荐翻译人员，并在询问笔录中记明证人相关情况以及翻译人员姓名、工作单位和职业等；制作完询问笔录后，应当由翻译人员使用被询问人所属民族语言向被询问人宣读，并由被询问人签写意见、捺指印，由翻译人员在笔录上签名。同时，还应提供翻译人员有关身份证明的材料。

6. 在询问未成年人时，应当通知其法定代理人或者有关人员到场。

纪检监察机关在收集被害人陈述时，参照证人证言收集的程序和要求办理。

第三章　纪检监察实物类证据的收集与提取

由于言词类证据容易受到认知、记忆、表达、理解、记述等因素影响，具有主观性、易变性，因此，必须高度重视对物证、书证等实物证据的收集和提取。通过认真比对各类证据的内容，对事实的矛盾和漏洞用适当的证据予以解决和补强，加强综合运用各类证据的能力和水平。

第一节　纪检监察实物类证据概述

实物类证据是指以事物的客观物理属性包括物品的外部形态或记载反映的内容等来证明有关事实的证据。根据刑事诉讼相关理论和实践，视听资料和电子数据也属于实物类证据。按照《监察执纪工作规则》《监察法》《监察法实施条例》的有关规定，在审查调查实践中，实物类证据主要包括物证、书证、视听资料、电子数据等。实物类证据具有客观性、稳定性、不变性等特点，是认定案件事实的重要根据，必须认真收集、固定、审查和运用。

第二节　物证、书证的收集与提取

一、物证的收集与提取

物证是指以其外部特征、物质属性、存在状况等证明案件真实情况的一切物品和痕迹。按照《监督执纪工作规则》《监察法》《监察法实施条例》有关规定，物证的收集、提取主要采用调取、查封、扣押、搜查等措施取得。纪检监察机关收集、提取的物证通常有涉案款物、涉案工具等。收集、提取物证的工作要点如下：

（一）做好前期准备工作

开展物证收集、提取工作前，审查调查人员要做好有关准备工作。取证前准备好有关工作证件、《调取证据通知书》、介绍信等。如需要进行搜查、查封、扣押、勘验检查，按照相关措施使用管理规定执行。

（二）应当收集原物

《监察法》规定监察机关调取、查封、扣押用以证明被调查人违法犯罪财物的，应当收集原物。同时，结合

《刑事诉讼法》的规定，对原物不便搬运、不易保存，依法应当由有关部门保管、处理，或者依法应当返还的，或者因保密工作需要不能调取原物的，可以将原物封存，并拍摄、制作足以反映原物外形和特征的照片、录像、复制品。原物已不存在的，可由相关单位出具书面情况说明，相关内容应客观记录涉案的有关情况，不可作出评价性或者超出需说明事实的表述。

（三）收集物证应当采取适当方法

纪检监察机关可以通过调取、查封、扣押、搜查、勘验检查等措施收集物证。在收集过程中，要认真做好思想政治工作，促使被审查调查人交出物证，促使知情人愿意提供有关物证的线索或提交其持有的物证。收集物证时，审查调查人不得少于 2 人，出示证件和出具书面通知书，并会同持有人或者保管人、见证人，当面逐一拍照、登记、编号，开列清单，由在场人员当场核对、签名，并将清单副本交财物的持有人或者保管人。其中，通过扣押、搜查、勘验检查取得物证的，应形成笔录。通过检查现场收集物证时，应注意现场是否得到有效保护，对现场的情况和各种特征要进行细致、全面的检验，以准确提取各种物证。对被审查调查人随身携带的物品，以及被审查调查人或其他相关人员主动上交的财物，可以按照查封、扣押的程序予以暂扣。

（四）物证的保管

按照纪检监察机关关于涉案财物管理的有关规定，对调取、查封、扣押的财物要设立专门场所，确定专门人员妥善保管，严格履行交接、调取手续，定期对账核实，不得毁损或者用于其他目的。对价值不明的物品应当及时鉴定，专门封存保管。

（五）物证辨认

为了查明案情，在必要的时候，审查调查人员可以让被害人、证人和被审查调查人对有关物品进行辨认，并形成辨认笔录。物证辨认包括两方面要求：一是待辨认的物证具有独特的外表特征，须作出同一认定而非种类认定；二是辨认主体的辨认行为准确且可靠，辨认结果未受到辨认能力限制下的干扰偏离。

（六）全程录音录像

对于搜查、查封、扣押等重要取证工作，应当全过程进行录音录像，留存备查。

（七）物证的退还

在审查调查中，对于查封、扣押的财物，经查明与案件无关的，应当履行有关报批手续，在查明后 3 日内解除查封、扣押，予以退还。

二、书证的收集与提取

书证是指以文字、符号、图画、图表等表达的思想内容来证明有关案件事实的书面文字或其他物品。按照《监督执纪工作规则》《监察法》《监察法实施条例》有关规定，书证的收集，主要采用查询、冻结、调取、查封、扣押、搜查、勘验检查等措施取得。纪检监察机关收集提取的书证通常有文件、文本、凭证、记录等文字、图片材料等。本书基于方便审查调查实践操作的考虑，把被审查调查人、涉案人员和证人的主体身份及自然人身份等证据，统一归结到描述类证据中加以阐释，具体内容见后文。收集、提取书证的工作要点如下：

（一）应当收集原件

收集书证应当收集原物原件，在取得原件确有困难或因保密需要不能调取原件的，可以调取副本或复制件、节录本，但须有原件的保存单位或个人盖章、签名。

（二）应当采取适当方法

收集书证时，审查调查人员不得少于2人，应出示证件和出具书面《调取证据通知书》，可以采用提取会议记录、文件、个人记录、私人信件、介绍信、日记等方法。对可作为书证的私人日记、信件等原始材料，不得强行收集。涉及个人隐私的，应注意为其保密。摘抄或复印会议记录、个人记录、私人日记时，要注意连续性，节录材料不得断章取义。对已经散落或字迹模糊的书证，应采用裱糊、复印、拍照等保全措施。采取查封、扣押措施取得书证的，应开列清单，由在场人员当场核对、签名，并将清单副本交书证的持有人或者保管人。

（三）书证制作

制作书证的副本、复制件时，制作人员不得少于2人，并应附有制作过程的文字说明。如果发现书证被变更或有更改迹象，提供者要作出合理解释，必要时要进行鉴定。

（四）书证辨认

为了查明案情，在必要的时候，审查调查人员可以让被害人、证人和被审查调查人对有关书证进行辨认，并形成辨认笔录。

（五）书证管理

在审查调查实践中，要特别注意，向被审查调查人所在单位和有关部门收集书证时，与案情有关的个人工作记录、工作大事记等也应收集。收集的材料涉及国家秘密的要履行一定的批准手续，并应注意保密。对于有关机关调取并移送的书证材料，必须经审查调查人员认真审核认定后才可作为证据使用。同时，应由该机关加盖印章、注明出处。要结合其他证据系统分析已收集的书证，善于从已有书证中发现潜在的需调取的其他书证材料，进一步做好延伸取证工作。

（六）收集、提取书证中的常见问题

审查调查实践中，收集、提取书证会遇到一些常见的问题，应当予以重视，并加以解决。

1. 规范使用书证复印件。一是书证因原件保存时间较久存在褪色且复印后部分内容较为模糊的，应由制作人员在复印件上对相关内容进行书面说明，并在需要说明的地方签名并注明日期。二是案卷中某问题的证据材料需要作为其他问题的证据使用的，应当将该证据材料复印到相应问题卷宗，并在复印件首页标注“此材料复印于本案第×卷，共计××页，已与原件核对无异”，并由2名以上审查调查人员签写姓名、日期。三是从纪检监察机关已归档的案卷中复印材料作为证据使用的，应当按照书证复印件的规范取证方式进行标注，由提供人在复印件首页记明“此材料系复印件，共计××页，已与原件核对无异，因档案管理原因未能取得原件，原件存放于××纪委××监委档案处”，由档案处在首末页和骑缝盖章，并由提供人和至少2名调取人签写姓名、日期。四是从尚未交由档案处保管的本委其他案件卷宗中复印材料作为证据使用的，参照上述做法办理。五是对从下级监委或其他机关办理的案件中复印相关材料作为证据使用的，通过出具《调取证据通知书》的方式调取。

2. 注意对有关出行记录的收集、提取。对于职务犯罪行为发生在涉案人常住地以外或者国（边）境外的，应当视情调取相关出行记录，比如出入国（边）境记录、车票、机票、出行审批材料、参加会议活动材料等，并视情调取相关监控录像或出入记录。同时，要注意审核供述的出行情况与相关证据是否一致，存在矛盾的应及时予以排除或补证，切忌出现反证。

3. 规范涉案公司工商资料的收集、提取。对涉案公司，一般应调取统一社会信用代码证书、公司营业执照，如涉及公司股东变更，还应调取公司股东变更等资料。有关工商资料可由审查调查人员（至少2名）在国家市场监督管理总局“国家企业信用信息公示系统”官网下载，并在打印页上简要注明调取情况并签写姓名、日期。根据工作需要，也可以向各级市场监督管理部门调取有关工商资料。调取的工商资料应结合与待证事实之间的关联性进行组卷，与案件没有关联的可不入卷。需要说明的是，在纪检监察机关案件监督管理室数据查询中心查询获得的有关公司材料，可以供内部分析研判使用，目前尚不宜直接作为证据入卷。

4. 个人主动提供书证的收集。案件调查过程中，对于个人主动提供的书证，既可以采取出具《调取证据通知书》的方式予以调取，也可以由提供人在材料上注明

“此件共××页，由本人主动提供”，并逐页签名、捺指印（页码较多的书证可以由提供人在首末页签字捺指印后，骑缝捺指印），同时由2名以上审查调查人员在首页签写姓名、日期。

5. 向当事人出示书证的方式。询（讯）问笔录涉及出示相关书证的，一般应向被询（讯）问人出示完整的书证，不宜由审查调查人员自行判断并截取部分内容，同时应由被出示人指出其中与其案件相关的部分，并具体阐明辨认意见。特殊情况下，出于审查调查工作或者案件保密等原因，也可以只出示与当事人有关部分的书证，但应作出书面说明。

第三节　视听资料、电子数据的收集与提取

随着现代信息技术的发展，视听资料和电子数据成为审查调查证据的重要组成部分，加强这类证据的收集与运用，对于查清案件、认定事实至关重要。根据数据信息承载的内容，视听资料、电子数据可以分为财产类信息、交往类信息和生活类信息三大类：财产类信息主要包括银行、房产、证券、股票、工商注册、电子消费等资料和数据；交往类信息主要包括电话账单、短信记录、电子邮件、即时通信等资料和数据；生活类信息主要包括住宿、

网购、水电气缴费、照片视频等资料和数据。这些资料和数据所反映的信息相互交织融合，在调查中应重点收集提取监控录音录像、车载音频视频、电脑、手机、移动存储介质、平板电脑等设备中的文件。

一、视听资料的收集与提取

视听资料是指载有能够证明有关案件事实的内容的录音带、录像带、电影胶片、电子计算机的磁盘等，以其所载的音响、活动影像和图形，以及电子计算机所存储的资料等来证明案件事实的证据。根据《监察法》《监察法实施条例》和刑事诉讼的相关规定，视听资料的收集、提取主要通过调取、扣押、封存等措施进行。收集、提取视听资料的工作要点如下：

（一）收集视听资料应当收集原件

收集、提取视听资料一般应当为原件，取得原件确有困难或者因保密需要不能调取原件的，可以调取副本或者复制件，但不得剪辑、增加、删改，同时应书面记明不能调取原件的原因、副本或者复制件制作过程和原件存放地点，并由制作人员和原视听资料持有人签名或者盖章。

（二）收集视听资料应当严格履行程序手续

收集视听资料必须附有提取过程的说明。纪检监察机关可以要求有关单位和个人交出可以证明被审查调查人实施违纪、职务违法或职务犯罪的视听资料，或者证明无错、无罪的视听资料等证据，有关单位和个人应当如实提供，但不得采取威胁、引诱当事人等违反法律及有关规定的方式。

（三）收集视听资料要注意收集补强证据和配合其他证据收集

为证明视听资料真实性和合法性，在收集视听资料过程中应注意收集物证、书证等相关证据材料。同时，还应注意收集对其他证据材料具有补强作用的录音录像等视听资料。

（四）视听资料应当符合严格的保管要求

视听资料作为对技术性要求很强的信息载体，必须严格进行保管。一是保管视听资料应当在合格的场所，对于记载视听资料的磁带、录像带、胶片、电子存储磁盘、光盘、计算机等载体，应当集中保管或委托有关专业部门封存保管。二是保管视听资料应当采用科学的方法，定期对视听资料载体进行保养和维护，防止损坏，必要时应将视听资料复制形成副本，以防丢失。三是保管视听资料应当便于查找识别，视听资料载体应当建账设卡，做到一案一账、一物一卡，并注明编号、种类、特征等，应将记载视听资料的载体列出清单、拍照，并将清单、照片附卷备查。

（五）收集和保管视听资料应当控制范围并注意保密

收集的视听资料必须与案件具有关联性，不得收集与案件事实无关的视听资料。对收集过程中知悉的国家秘密、商业秘密和个人隐私等应当保密。调用应当经过严格审批，使用完毕后及时归还，除办案需要外，不得以任何借口使用或扩散视听资料。

二、电子数据的收集与提取

电子数据是指案件发生过程中形成的，以数字化形式存储、处理、传输的，能够证明违纪、职务违法或职务犯罪事实的材料。根据有关规定，电子数据主要包括七类：（1）网页、云平台、社交媒体、音视频应用等网络平台的信息；（2）即时通信、手机短信、通话记录、电子邮件、通信群组等网络应用服务的通信信息；（3）用户注册信息、身份认证信息、生物识别信息、数字签名等用户身份信息；（4）电子交易记录、浏览记录、操作记录、程序安装运行删除记录等用户行为信息；（5）文档、图片、音视频、数字证书、数据库文件等电子文件及其创建时间、访问时间、修改时间、大小等文件附属信息；（6）系统日志、应用程序日志、安全日志、数据库日志等软件运行信息；（7）能够证明违纪违法事实的其他电子数据。以数字化形式记载的证人证言、被害人陈述以及被调查人陈述、供述和辩解等证据，不属于电子数据。根据《监察法》《监察法实施条例》和刑事诉讼的相关规定，电子数据的收集、提取主要通过调取、搜查、冻结、扣押、封存、勘验检查等措施进行。除前述与视听资料收集、提取的共性要求外，收集、提取电子数据还应注意以下相关要求：

（一）收集电子数据的全面性

收集、提取电子数据时，一定要把握全面原则：(1) 全面收集被审查调查人和涉案人员的电脑、手机、iPad、光盘、U 盘、硬盘等原始存储介质；(2) 全面收集以上原始存储介质存储、处理和正在运行、传输的电子数据；(3) 全面收集审查调查对象和涉案人员隐藏、删除和对外联络的电子数据；(4) 全面收集日志记录、系统、软件运行环境状况等附属信息和电子痕迹，以保证对电子数据生成过程、来源、与审查调查对象和涉案人员的关联性等的有效证明。

（二）收集电子数据的及时性

电子数据特别是动态的电子数据，如内存中的数据、网络数据等，处于不断变化、稍纵即逝的状态。根据电子数据容易变化和灭失的特点，收集和使用电子数据，一定要把握及时原则：(1) 对可能存在电子数据的地方和人员，要及时依法采取搜查措施；(2) 对已经发现或被审查调查人、涉案人员主动交出的电子数据原始存储介质，要及时依法办理查封、扣押手续；(3) 对正在运行的电子数据，要在专业技术人员指导下及时依法采取打印、拍照、录像等固定措施；（4）对信息量大、一时难以固定和处理的电子数据，要及时依法采取冻结措施，计算电子数据的完整性校验值或者锁定网络应用账号。

（三）收集电子数据应扣押原始存储介质

收集、提取电子数据，能够扣押电子数据原始存储介质的，应当扣押、封存原始存储介质，并制作笔录，记录原始存储介质的封存状态。封存电子数据原始存储介质，应当保证在不解除封存状态的情况下，无法增加、删除、修改电子数据。封存前后应当拍摄被封存原始存储介质的照片，清晰反映封口或者张贴封条处的状况。封存手机等具有无线通信功能的存储介质，应当采取信号屏蔽、信号阻断或者切断电源等措施。对扣押的原始存储介质或者提取的电子数据，可以通过恢复、破解、统计、关联、比对等方式进行检查。对电子数据涉及的专门性问题难以确定的，可以由司法鉴定机构出具鉴定意见。

原始存储介质因不便封存等原因无法扣押的，可以提取电子数据，但应当在笔录中注明不能扣押原始存储介质的原因、原始存储介质的存放地点或者电子数据的来源等情况，并计算电子数据的完整性校验值。由于客观原因无法或者不宜扣押原始存储介质和提取电子数据的，可以采取打印、拍照或者录像等方式固定相关证据，并在笔录中说明原因。必要时，可以对远程计算机信息系统进行网络远程勘验。

（四）收集电子数据的程序手续

收集、提取电子数据，应当由2名以上审查调查人员进行。制作调取证据通知书，注明需要调取的相关信息并通知有关人员、部门执行。制作笔录应记录案由、对象、内容，收集、提取的时间、地点、方法、过程等，并附清单注明电子数据类别、文件格式、完整性校验值等，由审查调查人员、持有人（提供人）签名或者盖章，持有人（提供人）无法签名或者拒绝签名的应当注明，由见证人签名或者盖章。由于客观原因，无法由符合条件的人员担任见证人的应当注明，并对相关活动进行录像。

电子数据既涉及被审查调查人、涉案人员的财产权，又涉及其隐私权，因此，收集和利用电子数据，一定要把握合法原则：（1）收集和提取电子数据的措施和手段，必须达到一定使用条件、经过一定审批程序后才能组织实施；（2）收集和提取电子数据的所有措施和手段，必须具有相应的法律文书，做好工作笔录并随案移送；（3）依法采取搜查、查封、扣押、勘验检查等措施收集和固定电子数据，必须进行同步录音录像，并拍照；（4）依法采取搜查、查封、扣押、勘验检查等措施收集和固定电子数据，必须安排见证人在场，见证人要在工作笔录上签名，并附有见证人身份证明的复印件。

（五）电子数据的保全

为确保电子数据的真实性，一般应当通过勘验、扣押、调取等措施进行收集和复制，将电子数据固定下来并妥善保管。对数据量大、无法或者不便提取的，提取时间长，可能造成电子数据被篡改或者灭失的，通过网络应用可以更为直观地展示电子数据的，应当采取网络保管、技术扣押、电子档案管理等方法进行保全。

电子数据收集、固定、审查、运用的专业技术性门槛高，关系到电子数据的技术规范、技术标准以及专业技术人员对电子数据取证、举证、质证、认证活动的方方面面，因此，在审查调查实践中，可以协调相关部门、专业技术机构或专业人员进行指导和配合。被审查调查人、涉案人员对涉案电子数据的情况最了解，应当说服他们配合和协助，全面、及时、合法收集和利用电子数据。

（六）电子数据的保管

由于电子数据具有非直观、易修改等特点，在审查调查实践工作中，必须加强电子数据的保管。一是坚持双重保管。一方面要保管电子数据的依附设备，即使在某些情况下不扣押信息设备，仍然要对其特征、状态、环境等进行保管；另一方面要保管电子数据的数据流，以信号变化的形式直接记录电子数据的信息内容。二是坚持无损保管。

为确保电子数据客观、真实，应当使其保持原始状态或者最接近原始状态，尽可能精确地、无变化地保管电子数据，包括附属信息和环境信息，并采取数据校验的方法对电子数据进行验证或一致性比对。三是坚持全面保管。应当尽可能全面地保管电子数据的所有相关信息，既要保管数据信息，也要采取“整盘固定”“提取式固定”等方式保管附属信息、环境信息。四是坚持比例原则。应当按照必要性、适应性的原则，确定保管查封、扣押电子数据的范围，并进行妥善保管，不得使用、调换、损毁或者自行处理，经查明确实与案件无关的，应当及时解除或退还。

（七）收集和保管电子数据应当控制范围并注意保密

扣押电报、电子邮件等电子数据，冻结电子数据，网络远程勘验检查采取技术调查措施等，必须依法履行严格的审批手续；不需要继续扣押、冻结、勘验检查的，应当及时解除有关措施。审查调查中，要注意加强电子数据的关联性的把握。电子数据涉及国家秘密、商业秘密、个人隐私的，应当保密。

收集和固定电子数据只是审查调查工作的第一步，对电子数据的审查和运用才是审查调查工作的关键所在。电子数据的关联性具有双重含义，既包括电子数据存储介质的载体关联性和存储内容的关联性，还包括行为关联性、身份关联性、时空关联性、地域关联性等数据信息要素。因此，审查调查人员要根据电子数据进行大数据分析，根据关键要素进行比对分析，根据案情进行关联分析，明确取证方向路径，补充完善证据，形成完整的证据链，发挥电子数据在突破案件和查清事实上的最大功效。

第四节　收集、提取实物类证据的审查调查措施

按照《监督执纪工作规则》《监察法》《监察法实施条例》以及刑事诉讼的相关规定，物证、书证、视听资料、电子数据的收集、提取，主要通过查询、调取、冻结、搜查、查封、扣押等审查调查措施进行。

一、查询、冻结措施的使用

根据审查调查工作需要，纪检监察机关可以查询、冻结涉案单位和个人的存款、汇款、债券、股票、期货、基金份额、保险产品、信托产品、理财产品等财产。

在审查调查实践中，查询、冻结是重要的工作手段，特别是在初核期间，在确保安全保密的情况下，通过深入细致的查询财产工作，找到被核查人的非法所得藏匿点，也就是俗称的“钱窝子”“资金池”，就能为是否决定立

案奠定坚实的基础。实践中，很多案件都是通过深入细致的查询，找到“资金池”，进而找准突破口的。

（一）适用对象

查询和冻结，都是适用于对金融类财产采取的审查调查措施。需要注意的是：

1. 通常所说的查询户籍、房产、电话等信息，不适用《协助查询财产通知书》，要使用《调取证据通知书》。

2. 对一些不适合冻结的财产和账户，不能采取冻结措施，主要包括：金融机构存款准备金和备付金；特定非金融机构备付金；封闭贷款专用账户（在封闭贷款未结清期间）；商业汇票保证金；证券投资者保障基金、保险保障基金、存款保险基金、信托业保障基金；党费、团费账户和工会经费集中户；社会保险基金；国有企业下岗职工基本生活保障资金；住房公积金和职工集资建房账户资金；人民法院开立的执行账户；军队、武警部队一类保密单位开设的“特种预算存款”“特种其他存款”和连队账户的存款；金融机构质押给中国人民银行的债券、股票、贷款；证券登记结算机构、银行间市场交易组织机构、银行间市场集中清算机构、银行间市场登记托管结算机构、经国务院批准或者同意设立的黄金交易组织机构和结算机构等依法按照业务规则收取并存放于专门清算交收账户内的特定股票、债券、票据、贵金属等有价凭证、资产和资金，以及按照业务规则要求金融机构等登记托管结算参与人、清算参与人、投资者或者发行人提供的、在交收或者清算结算完成之前的保证金、清算基金、回购质押券、价差担保物、履约担保物等担保物，支付机构客户备付金；其他法律、行政法规、司法解释、部门规章规定不得冻结的账户和款项。此外，对金融机构账户、特定非金融机构账户和以证券登记结算机构、银行间市场交易组织机构、银行间市场集中清算机构、银行间市场登记托管结算机构、经国务院批准或者同意设立的黄金交易机构和结算机构、支付机构等名义开立的各类专门清算交收账户、保证金账户、清算基金账户、客户备付金账户，不得整体冻结，法律另有规定的除外。

（二）适用主体

纪检机关、监察机关都可以采取查询措施，冻结措施只能由监察机关采取。

（三）适用阶段

查询措施既可以在立案前的问题线索处置阶段、初核阶段采取，也可以在立案后采取。冻结措施只能在立案后采取。

（四）审批权限

1. 查询财产

根据相关规定，查询同级党委管理的正职领导干部财产，报纪检监察机关主要负责人审批；查询同级党委管理的副职领导干部财产，报纪检监察机关分管领导审批；查询前两项规定以外的人员、单位财产，报承办的监督检查部门、审查调查部门主要负责人审批。在问题线索处置阶段，查询银行存款等重要敏感信息的，应当报纪检监察机关分管领导以上的领导审批，根据有关规定应当按照更高层级报批的，按其规定报批。

2. 冻结财产

根据相关规定，冻结同级党委管理的正职领导干部财产，报监察机关主要负责人审批；冻结同级党委管理的正职领导干部以外的人员、单位财产，报监察机关分管领导审批。冻结财产的期限不得超过6个月，冻结期限到期未办理续冻手续的，冻结自动解除。需要延长冻结期限的，应当在到期前按原程序报批，办理续冻手续。

（五）文书手续

1. 查询财产

应当出具《协助查询财产通知书》，交有关单位执行。《协助查询财产通知书》中应当填写查询账号、查询内容等信息。没有具体账号的，应当填写足以确定账户或者权利人的自然人姓名、身份证件号码或者企业法人名称、统一社会信用代码等信息。

2. 冻结财产

应当出具《协助冻结财产通知书》，交有关单位执行。《协助冻结财产通知书》中应当填写冻结账户名称、冻结账号、冻结数额、冻结期限起止时间等信息。冻结数额应当具体、明确，暂时无法确定具体数额的，应当在《协助冻结财产通知书》上明确写明“只收不付”。冻结证券和交易结算资金时，应当明确冻结的范围是否及于孳息。冻结财产后，应当通知权利人或者其法定代理人、委托代理人，要求其在《冻结财产告知书》上签名。《冻结财产告知书》在监察机关向被冻结财产权利人或者其法定代理人、委托代理人告知其有权申请出售被冻结的财产时使用，由被告知人签名退回后附卷。权利人或者其法定代理人、委托代理人申请出售被冻结财产，符合规定的，监察机关应当出具《许可出售冻结财产通知书》。出售或者变现所得价款应当继续冻结在其对应的银行账户中；没有对应的银行账户的，应当存入监察机关指定的专用账户保管，并将存款凭证送监察机关登记，监察机关应当出具《出售冻结财产通知书》，并要求其签名。其拒绝签名的，调查人员应当在文书中记明。经查明与案件无关的，应当在查明后 3 日以内将《解除冻结财产通知书》送交有关单位执行，解除情况应当告知被冻结财产的权利人或者其法定代理人、委托代理人。

（六）收集提取在查询、冻结中产生的书证

1. 根据《监察法实施条例》第 106 条的规定，调查人员根据需要可以对查询结果进行打印、抄录、复制、拍照，要求相关单位在有关材料上加盖证明印章。对查询结果有疑问的，可以要求相关单位进行书面解释并加盖印章。以《协助查询财产通知书》查询相关单位、个人存款、汇款、债券、股票等财产信息时，金融机构提供的打印材料，可以不按书证复印件的要求注明相关内容，但应由金融机构在打印材料的首末页加盖查询业务专用印章，并对全部材料骑缝盖章随回执提供。实践中还存在一些金融单位对相关法律法规认识理解不深、配合调查不够的问题，《监察法实施条例》第 106 条为财产查询工作提供了重要的法律支撑。

2. 直接查询境外银行信息确有困难的，可以由被调查人或者证人以及被委托的其他人打印相关银行信息，由在场调查人员对取证过程进行录像或者拍照，并作出书面说明。

3. 对于查询的银行开户信息、交易记录、交易凭证等信息中可能会影响案件定性、数额、情节的，在固定证据时应当向被调查人或者证人出示确认，并在笔录中记录。

4. 承办部门接受司法机关、其他监察机关等移送的已冻结的财产，应当要求相关机关随案移送采取冻结措施

的法律文书以及已冻结财产清单，并自行重新办理冻结手续。

二、调取措施的使用

实践中，采取调取措施的证据类型较为丰富，调取是审查调查工作重要的取证手段之一。审查调查人员在办案时可以依纪依法向有关单位和人员调取用以证明案件事实的证据材料。特别是在线索摸排和初核阶段，因为被审查调查人尚未到案，主要以收集获取客观性证据为主，用好调取措施尤为重要。

（一）适用对象

根据有关规定，用以证明被审查调查人是否存在违纪违法问题及情节轻重的物证、书证、视听资料、电子数据等各种证据材料，均可以采取调取措施。实践中，还有一种情况，即有时需要由有关单位对一些事实出具工作说明或证明，这些说明或证明虽然不属于独立的证据类型，但一般也是调取措施。

（二）适用主体

调取是使用最广泛的取证方式之一，既可以以监察机关名义采取，也可以以纪检机关名义采取。

（三）适用阶段

调取措施既可以在立案前的问题线索处置阶段、初核阶段采取，也可以在立案后采取。

（四）审批权限

调取的证据材料类型最为复杂，审批权限也各不相同，相比其他审查调查措施，更需要注意调取的审批权限的问题，以避免越权越位、违规取证。

1. 调取个人有关事项报告材料

根据相关规定，调取同级党委管理的正职领导干部的个人有关事项报告材料，需要报同级纪检监察机关主要负责人审批。调取同级党委管理的正职领导干部以外人员的个人有关事项报告材料，应当报纪检监察机关分管领导审批。

2. 调取同级党委管理的干部个人信息资料

根据相关规定，调取同级党委管理的干部的人事档案、人口户籍信息、婚姻登记信息、房产车辆信息等个人信息资料，应当报纪检监察机关分管领导审批。

3. 调取个人通信信息和材料

根据相关规定，需要基础电信企业、公安机关等配合查询被核查人、被审查调查人或者涉案人员等相关人员的不涉及具体通信内容的信息时，纪检监察机关应当出具《数据查询通知书》交基础电信企业、公安机关等办理，并附《数据查询清单》或者《数据查询审批表》。纪检监察机关不得通过调取措施获取含有个人语音、短信息、微信聊天记录、电子邮件等涉及具体通信内容的信息。确需获取相关信息的，应当严格按照采取技术调查措施的审批程序和要求，交有关机关协助办理。

4. 调取问题线索处置阶段的资料

根据相关规定，在问题线索处置阶段查询、调取银行存款、出行记录和通信记录等重要敏感信息的，应当报纪检监察机关分管领导审批，根据有关规定应当按照更高层级报批的按其规定报批。

5. 调取其他一般性的证据资料

调取其他一般性的证据资料由审查调查部门主要负责人审批。

（五）文书手续

1. 调取证据材料时，应当依法出具《调取证据通知书》，必要时附《调取证据清单》。审查调查部门在调取证据时，应在《调取证据通知书》上加盖监察机关印章；在所附的《调取证据清单》上不必加盖监察机关印章，由提供人和2名审查调查人员签字并加盖提供证据单位印章。

2. 查阅、调取领导干部个人有关事项报告、干部人事档案、干部职务任免文件等相关材料的，应当由查阅、调取单位2名以上均为党员的正式干部，持本人有效工作证件进行。其中，查阅、调取领导干部个人有关事项报告、干部人事档案相关材料还应当填写查阅审批表；查阅、调取干部职务任免文件相关材料还应当持查档函，查档函须包括查档事由、查档内容、利用方式（复制、摘抄）、利用者等内容，并加盖纪检监察机关（机构）印章或者纪检监察机关组织部门（承办部门）印章。上述材料作为调查涉嫌职务违法、职务犯罪证据使用的，须同时出具《调取证据通知书》和《调取证据清单》。

3. 调取采取技术调查措施获取的信息和材料，需要作为刑事诉讼证据使用的，应当出具《调取技术调查证据材料通知书》，依法向公安机关或者国家有关执法机关调取。需要注意的是，纪检监察机关商请公安机关等查询电信用户登记资料信息等数据的，对于公安机关等反馈的数据查询结果，不得在谈话、讯问、询问笔录中直接引用，在刑事诉讼中不得作为证据使用。确需作为证据使用的，可以直接向电信业务经营者、网络服务提供者等调取。

三、搜查措施的使用

实践中，通过采取搜查措施，找到被审查调查人转移或藏匿的违纪违法资金、贵重物品及重要证据，拓展挖掘被审查调查人违纪违法问题线索，是审查调查的重要工作方法。特别是在立案初期，主要对象尚未突破时，外查组的一项重要工作就是加大搜查力度，迅速找到并起获赃款赃物、重要证据，这会对推动案件、打开局面产生至关重要的作用。

（一）适用对象

根据《监察法》第24条、《监察法实施条例》第112条的规定，监察机关调查职务犯罪案件，为了收集犯罪证据、查获被调查人，可以依法对涉嫌职务犯罪的被调查人以及可能隐藏被调查人或者犯罪证据的人的身体、物品、住处、工作地点和其他有关地方进行搜查。需要注意的是，基于对公民人身、住所和财产合法性的保护，我国对搜查规定了最严格的适用等级，明确仅限于调查职务犯罪案件，不适用于审查调查职务违法或违纪案件。

（二）适用主体和阶段

采取搜查措施，必须以监察机关名义采取，并必须在立案后进行。

（三）审批权限

根据有关法律法规的规定，对同级党委管理的正职领导干部采取搜查措施的，应当报同级党委主要负责人审批。对同级党委管理的副职领导干部采取搜查措施的，报同级纪检监察机关主要负责人审批。需要对前述两类人员以外的人员采取搜查措施的，应当报同级纪检监察机关分管领导审批。

（四）文书手续

搜查时，应当向被搜查人或者其家属、见证人出示《搜查证》，并要求其签名。见证人应为与案件无关的人员，如单位工作人员、基层群众自治组织干部、基层派出所民警等，调查人员不得作为见证人。被搜查人或者其家属不在场，或者拒绝签名的，调查人员应当在文书上记明。提请公安机关协助时，应当出具《提请协助采取搜查措施函》，列明提请协助的具体事项和建议，搜查时间、地点、目的等内容，并附《搜查证》复印件。纪检监察机关到异地执行搜查任务，需要当地纪检监察机关协助的，应当提前通报并提供《搜查证》和《商请协助采取搜查措施函》。

（五）采取搜查措施的注意事项

1. 开展全面搜查

立案后，为拓展问题线索、查找违纪违法证据和追查涉案财物，专案组要全面开展搜查工作。一方面，必须做到搜查场所无遗漏，进行地毯式搜查，每个区域要逐物展开搜查，做到按顺序、全覆盖、无死角，包括被调查人居住地、办公室、车辆、身体，以及近亲属、密切关系人可能藏匿涉案财物和违法犯罪证据的居住地和其他可疑场所。另一方面，必须做到搜查内容的全面性，既要搜查涉案财物，也要搜查对突破案件有价值的线索，重点搜查三部分内容：第一，搜查被调查人涉案赃款赃物；第二，搜查跟案件有关的物证、书证、视听资料、电子数据，如电脑、手机、U 盘、往来书信、记账本、股权协议、购房合同、相关票据等物品；第三，收集跟案件证据本身无关，但有利于案件调查的有关物品，如本人及家庭成员照片、日记等物品，以便于在谈话、讯问中使用。

2. 应当进行全程录音录像

《监察法》第 41 条、《监察法实施条例》第 56 条以及《监督执纪工作规则》第 48 条均规定，搜查工作应当全程同步录音录像，全面、真实、完整摄录搜查现场，并对分区搜索检查、集中清点登记扣押物品等各工作环节全过程进行摄录。

3. 做好搜查笔录制作

针对搜查情况应当现场制作《搜查笔录》，载明搜查的时间、地点、参加人员、过程，有无突发情况，有无查封、扣押财物、文件和电子数据等证据材料，由调查人员、被搜查人或者其家属、见证人签名。被搜查人或者其家属不在场，或者拒绝签名的，调查人员应当在《搜查笔录》中载明。采取搜查措施查获的重要书证、物证、视听资料、电子数据及其放置、存储位置，应当拍照，并在《搜查笔录》中作出文字说明，对物品的名称、特征、数量、质量等详细载明。

4. 确保搜查安全

搜查应当全面、细致、及时，并密切关注搜查现场的动向。搜查时被调查人或者其家属在场的，应当指定专人对其进行监管，防止出现自杀、自残、脱逃、毁灭证据或者伤害他人等情况。

四、查封、扣押（暂扣、封存）措施的使用

（一）适用对象

根据《监察法实施条例》第 125 条的规定，监察机关可以依法查封、扣押用以证明被调查人涉嫌违法犯罪以及情节轻重的财物、文件、电子数据等证据材料。这里需要注意两个问题：一是查封、扣押的物品必须用以证明被调查人的违法犯罪，而不是其他人员的相关情况；二是查封、扣押的物品必须是用以证明被调查人涉嫌职务违法或职务犯罪问题，而非与案件无关的物品。在审查调查实践中，办案人员往往发现大量的疑似涉案物品，要注意查封、扣押工作的精准性，避免“眉毛胡子一把抓”，有用没用一股脑儿“扣走”。如果查封、扣押的物品明显与被调查人无关、明显不涉案、明显价值不大，则不宜采取查封、扣押措施，避免后续解除措施的麻烦。此外，即便是对涉案财物查封、扣押，也应当考虑给被调查人及其所扶养的亲属保留必需的生活费用和物品，体现审查调查工作

的政治属性、人文关怀。

（二）实施主体和阶段

采取查封、扣押措施，必须以监察机关名义。暂扣是以纪委名义采取。采取查封、扣押措施，必须在监察机关立案后进行。纪委暂扣措施在初核阶段和立案后均可开展，但初核阶段采取，主要适用于被核查人及相关人员主动上交这一特殊情形，不宜扩大适用范围。根据《监督执纪工作规则》第 34 条的规定，“对被核查人及相关人员主动上交的财物，核查组应当予以暂扣”。需要注意的是，为了解决监察机关在立案前接收监察对象或涉案人主动上交涉案财物的问题，《监察法实施条例》第 135 条规定，在立案调查之前，对监察对象及相关人员主动上交的涉案财物，经审批可以接收。对于主动上交的财物，应当根据立案及调查情况及时决定是否依法查封、扣押。

根据相关规定，查封、扣押被调查人、涉案人员财物、文件的，应当报同级纪检监察机关分管领导审批。解除查封、扣押（暂扣、封存）的，承办部门应当报纪检监察机关分管领导审批。

（三）使用文书

查封、扣押应当出具监委的《查封/扣押通知书》，调查人员不得少于 2 人。持有人拒绝交出应当查封、扣押的财物和文件的，可以依法强制查封、扣押。调查人员对于查封、扣押的财物和文件，应当会同在场见证人和被查封、扣押财物持有人进行清点核对，开列《查封/扣押财物、文件清单》，对查封、扣押财物或文件的名称、型号、规格、数量、重量、质量、新旧程度和缺损特征等在清单中注明，由调查人员、见证人和持有人签名或者盖章。持有人不在场或者拒绝签名、盖章的，调查人员应当在清单上记明。

立案前，被核查人或涉案人主动上交的涉案财物，应当由2名以上审查调查人员会同持有人和见证人进行清点核对。如果以纪委名义接收，应出具纪委的《暂扣/封存通知书》，并附《暂扣/封存涉案财物、文件登记表》；如果以监察机关名义接收，则当场填写《主动上交财物登记表》。调查人员、持有人和见证人应当在登记表上签名或者盖章。

对查封、扣押的财物和文件，经查明与案件无关的，应当在查明后3日以内解除查封、扣押，予以退还。解除查封、扣押的，应当向有关单位、原持有人或者其近亲属送达《解除查封/扣押通知书》，附《解除查封/扣押财物、文件清单》，要求其签名或者盖章。根据有关规定的要求，纪委解除暂扣措施的，应当出具《解除暂扣/封存通知书》，并附《解除暂扣/封存财物、文件登记表》。

（四）有关要求

《监察法实施条例》第127条、第128条规范了不同类型涉案财物的查封、扣押要求。一是查封、扣押不动产和置于该不动产上不宜移动的设施、家具和其他相关财物，以及车辆、船舶、航空器和大型机械、设备等财物，可以依法扣押其权利证书，经拍照或者录像后原地封存，在查封清单上记明相关财物的所在地址和特征，以及对其权利证书被扣押的情况进行拍照或者录像。必要时可以将被查封财物交给持有人或者其近亲属保管，要求其不得进行转移、变卖、毁损、抵押、赠予等处理。应当将《查封/扣押通知书》送达不动产、生产设备或者车辆、船舶、航空器等财物的登记、管理部门，查封期间禁止办理抵押、转让、出售等权属关系变更、转移登记手续。二是查封、扣押外币、金银珠宝、文物、名贵字画以及其他不易辨别真伪的贵重物品，具备当场密封条件的，应当当场密封；不具备当场密封条件的，应当在笔录中记明，以拍照、录像等方法加以保全后进行封存。查封、扣押的贵重物品需要鉴定的，应当及时鉴定。三是查封、扣押存折、银行卡、有价证券等支付凭证和具有一定特征能够证明案情的现金，应当记明特征、编号、种类、面值、张数、金额等，当场密封。四是查封、扣押易损毁、灭失、变质等不宜长期保存的物品以及有消费期限的卡、券，应当在笔录中记明，以拍照、录像等方法加以保全后进行封存，或者经审批委托有关机构变卖、拍卖。变卖、拍卖的价款存入专用账户保管，待调查终结后一并处理。五是查封、扣押作为证据使用的视听资料、电子数据存储介质，应当记明案由、对象、内容，录制、复制的时间、地点、规格、类别、应用长度、文件格式及长度等，制作清单。具备查封、扣押条件的电子设备、存储介质应当密封保存。必要时，可以请有关机关协助。六是对被调查人使用违法犯罪所得与合法收入共同购置的不可分割的财产，可以先行查封、扣押。对无法分割退还的财产，涉及违法的，可以在结案后委托有关单位拍卖、变卖，退还不属于违法所得的部分及孳息；涉及职务犯罪的，依法移送司法机关处置。七是查封、扣押的危险品、违禁品，应当及时送交有关部门，或者根据工作需要严格封存保管。

（五）保障措施

1.《监察法》第 41 条、《监察法实施条例》第 56 条以及《监督执纪工作规则》第 48 条均规定，开展查封、扣押工作，应当全程同步录音录像，留存备查。

2. 目前虽未明确规定查封、扣押必须制作笔录，但在实践工作中，在安全及其他条件允许的情况下，根据工作需要，应当制作查封、扣押笔录，对涉案财物来源、持有人保管情况、查封扣押过程和其他注意事项进行记录，以方便后续开展调查取证工作。

3. 查封、扣押的涉案财物必须在符合安全标准的场所妥善保管，涉案款项应当在采取措施后15日以内存入监察机关指定的专用账户；涉案物品应当在采取措施后30日以内移交涉案财物保管部门保管。因特殊原因不能按时存入专用账户或者移交保管的，应当按规定报批，将保管情况录入涉案财物信息管理系统，在原因消除后及时存入或者移交。

4. 对于查封、扣押的无法分割退还的财产，涉及违纪或者职务违法的，经当事人申请并经纪检监察机关主要负责人批准，可以由当事人亲属或者当事人指定的其他人员在承办部门的监督下，自行变卖后上缴违纪违法所得及孳息，也可以在结案后委托有关单位拍卖、变卖，并退还不属于违纪违法所得的部分及孳息。

5. 承办部门接受司法机关、其他监察机关等移送已查封、扣押的财物，应当要求相关机关随案移送采取查封、扣押措施的法律文书以及涉案财物清单，并商相关机关解除查封、扣押后重新办理手续。

6. 实践中，对于一些特殊情况，确实存在查封、扣押场合不方便找见证人、不方便录音录像的，监察机关可不邀请见证人在场见证以及录音录像，执纪执法人员应当在《查封/扣押财物、文件清单》上作出说明。这类情况主要有：被调查人及相关人员通过银行转账等方式上交涉案财物或者退缴违纪违法所得的；执纪执法人员在不动产登记机构依法办理查封不动产手续的；纪检监察机关在监督执纪工作中已采取暂扣、封存措施，立案调查后需要转换为查封、扣押措施的；对司法机关、其他监察机关等移送的已查封、扣押的财物，重新办理查封、扣押手续的。

第四章　纪检监察描述类证据的收集与提取

纪检监察机关在办理违纪、职务违法和职务犯罪案件时，除了收集、提取直接反映行为事实本身的言词类证据、实物类证据外，还应当收集、提取反映被审查调查人、证人、涉案款物的客观状态以及记述审查调查过程的有关证据。为了便于表述，结合审查调查工作实际，本书将这类证据统称为状态和过程描述类证据。

第一节　纪检监察审查调查状态和过程描述类证据概述

一、状态和过程描述类证据的概念

状态和过程描述类证据，是指由纪检监察机关、审查调查人员或者第三方有权主体出具或提供的，反映相关人员身份的证明材料、鉴定意见、记录审查调查活动的材料（包括勘验笔录、检查笔录、辨认笔录、调查实验笔录、同步录音录像等），以及量刑情节说明材料等对客观状态和取证过程进行描述和表达的证据。描述类证据一般通过调取、勘验检查、鉴定等审查调查措施收集，因此也是收集、固定或保全证据的一种基本方法。情况说明、记录调查活动的材料等，由纪检监察机关、审查调查人员或第三方有权主体出具。

二、收集、提取描述类证据的基本要求

（一）描述类证据应当合法、合规收集

描述类笔录的收集与出具应当符合法律及有关规定的要求，纪检监察机关、审查调查人员、见证人或第三方有权主体需要盖章或签名。收集描述类证据要符合法律法规中关于程序的规定要求，严格依规依纪依法履行程序手续。

（二）描述类证据应当真实、客观反映状态和过程

描述类证据内容应当全面、详细、准确、规范，要完整、准确反映相关身份信息；全面、详细记录审查调查的过程和提起勘验检查、调查实验、辨认等措施和事项的事由、时间、地点，在场人员、现场方位、周围环境等情况；要准确记载现场、物品、人身等的位置、特征等详细

情况以及检查、实验、辨认活动的过程；要准确说明案件中所涉事物的客观状态。收集、提取证据的形式、方法要科学、规范；现场、物品、痕迹等不能被破坏或者伪造，应当为原始现场；人身特征、伤害情况、生理状况不能伪装或者变化等。

（三）描述类证据应当与案件本身具有较强的联系和关联

描述类证据的主要任务是证明案件主体要件以及审查调查过程的合法性和真实性。尽管描述类证据不直接反映案件事实本身，但它是对案件涉及的人或事有关情况的客观反映，是对案件调查过程的具体呈现，所以与案件无关的或联系较弱的，不作为描述类证据使用。

第二节　身份信息材料的收集与提取

一、被审查调查人主体身份材料

违纪、职务违法和职务犯罪是典型的“身份行为”，只有具备党员、公职人员、国家工作人员身份或相关的涉案人员，或者党组织、有关单位才能构成违纪、职务违法和职务犯罪的主体。主体证据的收集、提取是否全面完备，决定了案件事实和定性的准确性。

（一）证明被审查调查人自然人身份的证据

证明被审查调查人自然人身份的证据材料一般包括：户籍证明、常住人口基本信息等可以证明被调查人姓名、性别、出生年月日、居民身份证号码、民族、籍贯、职业、住所地等身份信息的书面材料。

（二）证明被审查调查人党员身份、公职人员职务身份及职责的证据

1. 证明被审查调查人系党员身份的证据，一般应当按照组织关系，通过其所在党委或党委组织部门查阅其党员档案，根据案情需要，复制提取其入党志愿书、培养教育考察材料等书证。

2. 证明被审查调查人为国家机关工作人员职务身份及职责的证据，主要包括：

（1）机关或团体法人证书、统一社会信用代码。

（2）被审查调查人的任职履历表、任命文件、会议纪要等证实被审查调查人依法从事公务的法律依据。

（3）被审查调查人所在单位出具的关于其具体职责分工的证明文件。

（4）证实被审查调查人任职及职责分工情况的被审查调查人陈述、供述和辩解，相关证人证言。

3. 证明被审查调查人为国有公司、企业、事业单位、人民团体中从事公务人员职务身份及职责的证据，一般

包括：

（1）统一社会信用代码，国有公司、企业营业执照、工商登记材料等相关材料。

（2）证实被审查调查人担任职务情况的任职履历表、任免审批表、人事部门或组织部门的任职证明等。

（3）公司章程、被审查调查人所在单位出具的关于其具体职责的证明文件。

（4）证实被审查调查人任职及职责分工情况的被审查调查人陈述、供述和辩解，相关证人证言。

4. 证明被审查调查人为国家机关、国有公司、企业、事业单位委派到非国有公司、企业、事业单位、社会团体从事公务人员职务身份及职责的证据，一般包括：

（1）委派单位的统一社会信用代码，国有公司、企业营业执照、工商登记材料等相关材料。

（2）被审查调查人所在单位的统一社会信用代码、企业营业执照、工商登记材料等相关材料。

（3）证实被审查调查人担任职务情况的任职履历表、任免审批表、人事部门或组织部门的任职证明等。

（4）证实发生委派关系的任命文件、批准文件、会议纪要等。

（5）证实被审查调查人具体职责的公司章程、会议纪要、被审查调查人单位出具的关于其具体职责的证明文件。

（6）证实被审查调查人任职及职责分工情况的被审查调查人陈述、供述和辩解，相关证人证言。

5. 证明被审查调查人为其他依照法律从事公务人员职务身份及职责的证据。根据《全国法院审理经济犯罪案件工作座谈会纪要》的规定，“其他依照法律从事公务的人员”应当具有两个特征：一是在特定条件下行使国家管理职能；二是依照法律规定从事公务。该类人员具体包括：依法履行职责的各级人民代表大会代表；依法履行审判职责的人民陪审员；协助乡镇人民政府、街道办事处从事行政管理工作的村民委员会、居民委员会等农村和城市基层组织人员；其他由法律授权从事公务的人员。参照刑事诉讼的相关规定，证明被审查调查人为其他依照法律从事公务的人员职务身份及职责的证据，一般包括：

（1）证实被审查调查人系依法从事公务的相关法律法规规定。

（2）证实被审查调查人任职依据的人大常委会关于人大代表、人民陪审员的任免决定、任命文件、任职履历表等。

（3）证明被审查调查人任职情况的人事部门或组织部门的任职证明、会议纪要等。

（4）证实被审查调查人所承担的职责属于司法解释

所规定的行政管理职责的相关书证。

（5）证实被审查调查人任职及职责分工情况的被审查调查人陈述、供述和辩解，相关证人证言等。

6. 证明被审查调查人为受国家机关、国有公司、企业、事业单位、人民团体委托管理、经营国有财产人员职务身份及职责的证据，一般包括：

（1）证明委托单位情况的统一社会信用代码、企业营业执照、企业年检登记表等。

（2）证实委托标的系国有财产的国有资产登记表等证据。

（3）关于被审查调查人具体职责的公司章程、会议纪要，单位出具的证明文件等。

（4）证实被审查调查人系受国家机关、国有公司、企业、事业单位、人民团体委托管理、经营国有财产的任命文件、会议纪要、推荐函、合同等证据。

（5）证实被审查调查人确实是受管理、经营国有资产的被审查调查人陈述、供述和辩解，相关证人证言。

审查调查工作实践中，在办案前期，要及时商请被审查调查人所在党委组织部或者所在单位组织人事部门出具关于被审查调查人职务身份的“一揽子”说明，全面核实被审查调查人的职务身份，特别注意核实是否系党代表、党委委员、人大代表、政协委员等身份，防止遗漏。

有关职务任免文件不仅要调取干部任免审批表，还要调取任免职通知，由人大、政协选举或决定任命的职务还应调取相关公告。对需要免去人大、政协选举或决定任命职务的，在审查调查阶段及时报请办理相关免职手续，最迟应在纪委常委会会议审议前完成相关免职工作。

二、单位主体的证据

根据《监督执纪工作规则》《监察法》《监察法实施条例》的有关规定，参照刑事诉讼的相关规定，纪检监察机关在办理单位违纪、单位违法和犯罪时，需要收集、提取证明单位主体的相关材料。以上材料具体包括：党组织成立的批准文件；证明国家机关、事业单位、社会团体性质的相应法律文件；机关、团体法人证书，统一社会信用代码，统一社会信用代码证书；企业法人营业执照、法人工商注册登记证明、法人设立证明、享受税收减免优惠政策的有关证明、办公地和主要营业地证明、法定代表人证明等；从事特殊行业的，应当有相应的批文或“许可证”；单位内部组织的有关合同、章程及协议书等，证明单位的组织形式、直接负责的主管人员和其他直接责任人员的证据；银行账号证明，注册资料、年检情况、审计或清理证明等，证明单位管理情况及资产收益、流向、处分等情况的证据；单位已经被撤销的，应有其主管单位出具的证明；其他证明单位的相关材料。

三、证人身份材料

1. 首次询问证人时，应当调取其身份信息材料（居民身份证、港澳台身份证件或者外籍护照等）复印件，要求证人在其身份信息复印件上注明“本复印件由我本人提供，与原件一致”，并签名、签写日期。

2. 对于涉案事实与证人职务行为有关的，包括斡旋受贿、利用影响力受贿案中的国家工作人员，以及直接受贿案件中与被审查调查人具有隶属、制约关系的国家工作人员，被审查调查人向其打招呼为他人提供帮助的，应当统一调取上述人员的任免职文件、职责分工证明文件、身份信息材料等证据。对于国家工作人员在一个时间段内利用职务之便或者职权、地位形成了便利条件的，应当调取其在这段时间内关于工作职责、职务分工情况的书证，注意核实请托事项的具体审批是否有被审查调查人签字等情况并调取相应书证材料。

3. 证人已被司法机关采取强制措施或判刑的，应调取相应司法文书或由有关部门出具说明；对于被采取留置措施的证人，也应调取相关监察措施文书或由有关部门出具说明；证人应当作证但已经失踪、死亡无法到案的，应调取失踪、死亡证明或由有关部门出具说明。

四、其他涉案人员身份材料

1. 证明其他涉案人员自然人身份的证据，包括身份证、户籍证明、常住人口基本信息等。

2. 证明其他涉案人员行为责任能力的证据，包括身体健康状况、病历材料、患有精神类疾病的涉案人员发生违法行为时是否处于发病状态等鉴定材料。

3. 证明其他涉案人员受过行政处理和刑事处罚情况等材料，包括证实涉案人员前科劣迹及执行情况的刑事判决书、裁定书、释放证明、假释证明、监外执行证明、相对不起诉决定书，因违法被调查、处置的相关材料。

另外，对被审查调查人的配偶、子女、父母等直系亲属，或者与其有密切关系的其他亲属、情妇（夫）等，根据案件需要，还要调取上述人员与被审查调查人关系方面的证据。

第三节　鉴定意见的收集与提取

《监察法》《监察法实施条例》规定，监察机关在调查过程中，对于案件中的专门性问题，可以指派、聘请有专门知识的人进行鉴定。其中“专门性问题”主要是指监察机关在调查过程中遇到的必须运用专门知识和经验作出科学判断的问题。

一、鉴定意见的概念

参照刑事诉讼的相关规定，结合审查调查工作实践，审查调查鉴定意见是指纪检监察机关或者相关人员就案件中的专门性问题，指派或聘请具有专门知识的人进行鉴定后作出的判断性意见。鉴定意见是一种意见性证据，是鉴定人就有关专门性问题进行检验、鉴别形成的一种判断意见。在实践中，要注意把鉴定意见与证人证言区别开来，证人证言是证人就其所知道的案件事实情况所作的陈述，而不是根据一定专业知识、技能进行的专门判断。

鉴定意见的形式要件应当完备，应当注明提出鉴定的事由、鉴定委托人、鉴定机构、鉴定要求、鉴定过程、鉴定方法、鉴定日期等相关内容，应当由鉴定机构加盖鉴定专用章并由鉴定人员签名、盖章。

二、鉴定意见的种类

（一）法医类鉴定

法医类鉴定，是指根据法医学专门知识和技术手段，对人身或者尸体、血液等进行的医学鉴定，主要包括法医病理鉴定、法医临床鉴定、法医精神病鉴定、法医物证鉴定和法医毒物鉴定等。

（二）物证类鉴定

物证类鉴定也叫物证技术鉴定，对文书、物品以及印章、笔迹、指纹、掌纹、脚印等物品和痕迹等进行鉴定，以确定标的的真实性、同一性和一致性。

（三）司法会计鉴定

这里讲的“会计”指的是以货币为主要计量单位，采用一系列专门的方法和程序，对经济交易或事项进行连续、系统、综合地核算与监督，提供财务信息的活动。司法会计鉴定，指运用会计学知识和技能对有关账目表册、单据、发票、支票等进行鉴定，以确定账目表册是否符合规范以及是否真实，确定账目等反映的经济活动的合法性和真实性。

（四）声像资料鉴定

声像资料鉴定是依据声像资料自身特性、形成机理及其他相关知识，对录音带、录像带、磁盘、光盘、图片等载体上记载的声音、图像信息的真实性、完整性及其所反映情况过程进行的鉴定和对记录的声音、图像中的语言、人体、物体作出种类或同一认定。

（五）技术问题鉴定

技术问题鉴定，是指对一些行业、领域的专业技术性问题，由相关行业主管部门或有资质的专家进行鉴别判断，以确认项目、事物的真实性、合法（合规）性、同一性、一致性，包括对涉及工业、交通、建筑等方面的科学技术进行鉴定等。

三、收集、提取鉴定意见的基本要求

1. 鉴定机构和鉴定人应当具有法定资质。鉴定人必须是专门机构中从事专门技术工作的人，必须具有足以解决案件中专门问题的知识和技能，且与案件及被审查调查人无利害关系，不存在其他应当回避的情形。

2. 审查调查人员应持纪检监察机关《委托鉴定书》同鉴定机构及鉴定人取得联系。审查调查人员应当为进行鉴定提供必要条件，及时向鉴定人送交有关检材和对比样本等原始材料，介绍与鉴定有关的情况，并明确提出要求鉴定解决的问题，但不能对鉴定人进行技术上的干预，更不能暗示或者强迫鉴定人、鉴定机构作出某种不真实的倾向性结论。审查调查人员应当做好检材的保管和送检工作，并写明检材送检环节的责任人，确保检材在流转环节的同一性和不被污染。若涉及估价鉴定的，应明确鉴定基准日。

3. 鉴定事项不得超过鉴定机构的项目范围、技术条件。鉴定人进行鉴定后，应当出具鉴定意见、检验报告，附鉴定机构和鉴定人的资质证明，并签名或者盖章。多个鉴定人的鉴定意见不一致的，应当在鉴定意见上写明分歧的内容和理由，并且分别签名或者盖章。

4. 审查调查人员应当对鉴定意见进行审核。必要时，可以提出补充鉴定或者重新鉴定，按原程序报批后办理。决定重新鉴定的，应当另行确定鉴定机构和鉴定人。审查调查人员使用鉴定意见时，要注意与搜查、勘验、检查笔录等其他证据相互印证。

5. 对于用作证据的鉴定意见，审查调查人员应当将《鉴定意见通知书》送达被审查调查人及相关人员，并履行告知程序，形成笔录。被审查调查人或相关人员提出重新鉴定申请的，按程序审批之后，可以补充鉴定或者重新鉴定。

6. 案件中的专门问题需要鉴定，但没有法定司法鉴定机构，或者法律、司法解释规定可以进行检验的，可以指派、聘请有专门知识的人进行检验，检验报告可以作为定性量纪或定罪量刑的参考。

四、收集、提取鉴定意见的常见问题

审查调查实践中，收集、提取鉴定意见经常会遇到一些问题，应加以分析研究，妥善解决。

（一）对于查封、扣押涉案物品的鉴定

一是委托鉴定书与查封、扣押财物文件清单要相符，并在委托鉴定书中注明委托鉴定物品的扣押编号、数量和

特征。二是进行真伪鉴定原则上应通过具有鉴定资质的单位（人员）进行，对部分特殊物品（如茅台酒、名牌包等）在目前尚无具备鉴定资质的单位（人员）的情况下，可以先委托相关生产、销售企业进行真伪甄别，之后再委托价格认定部门进行价格认定。

（二）对于涉案财物的价格认定

一是涉案财物的购买或者交易时间与犯罪行为发生时间距离较远的，应当委托有关部门进行价格认定，而不宜将购买或者交易价格作为涉案金额予以认定。二是将犯罪行为时作为鉴定基准日。三是将涉案财物移送司法机关前，对具备鉴定条件的涉案财物应当进行真伪鉴定和价格认定，以便司法机关准确判定犯罪所得是否足额追缴。

（三）对于汇率认定问题

通常情况下，有关汇率信息资料可由至少 2 名以上审查调查人员直接在外汇管理局官网上下载，并在打印页上简要注明调取情况。根据工作需要，也可向国家外汇管理局或者相关金融机构调取相关汇率材料。在折算汇率时，应当遵循有利于被审查调查人的原则，能够确定具体受贿日期的，按照收受当日中间价折算；能够确定具体受贿月份的，按照收受当月的最低中间价折算；不能确定具体受贿日期，只能确定一个时间段的，按照该时间段内人民币汇率的最低中间价折算。

（四）对于贵重金属的价格认定

应当比照汇率认定方法，按照有利于被审查调查人的原则进行认定，能够确定购买、收送等具体行为发生日期的，按照行为发生当日的价格认定；不能确定具体日期，只能确定行为发生时间段的，按照该时间段内的最低价认定。购买日与收送日相近的，可以直接按照购买价格予以认定。若贵重金属购买时间距收送时间较长，或价格出现明显波动的，一般应作价格认定，并结合个案具体把握。

（五）对于文物艺术品的真伪鉴定

收受他人文物艺术品在受贿案件中较为多见。文物艺术品主要包括书画、瓷器、玉石、珠宝、收藏品、油画及中国当代艺术品等，其中以书画类居多。书画类中，古代书画和部分历史艺术价值高的近代书画为文物，其他现代书画和当代书画属于艺术品范畴。在审查调查中，几个较为常见的问题需要注意。一是在程序上，应委托相关部门进行真伪鉴定后再进行价格认定。艺术家在世且符合证人条件的，应当由艺术家对其创作的艺术品进行辨认，辨认以实物辨认为原则，并制作辨认笔录。如果被辨认的艺术品因特殊原因不宜移动的，原则上不宜以辨认照片的方式进行真伪鉴定，应当安排相关人员赴保管场所辨认。作者因身体原因等无法进行辨认的，除直接参加创作的人员外，一般不由作者委托其家属、学生等其他人进行辨认并作为认定的依据，应由案件承办部门委托相关部门进行真伪鉴定。二是对于不涉嫌职务犯罪，但属于违纪违法所得或违规收受的文物艺术品，是否予以鉴定，应根据案件实际情况进行把握：对名家字画等涉案文物艺术品应予鉴定；对违纪事实认定和处理有重大影响的涉案文物艺术品应予鉴定；在其他一般情况下，考虑到审查调查成本和工作效率等因素可不作鉴定，在相关证据到位的情况下，可考虑将文物艺术品作为收受他人所送的物品予以认定和处理。三是涉罪案件中收受的书画作品等艺术品经鉴定系赝品的，一般情况下不计入犯罪数额，如果是行贿人与受贿人一同前往购买并商谈价格以及受贿人选中后授意行贿人购买的情形，考虑到受贿人收受的实际上是行贿人支付的费用，应按购买价格认定受贿数额。

（六）对于《鉴定意见告知书》的使用

一是规范文书填写。按照要求，《鉴定意见告知书》应当送达被审查调查人及相关单位、人员。二是规范告知内容。既要告知真伪鉴定情况，也要告知价格认定情况；既要告知鉴定结论，也要告知鉴定的内容和经过。审查调查中对被审查调查人或者相关单位、人员告知时，可能一个鉴定意见中涉及对多个物品或者检材的多个鉴定结论，对于此种情况可以采取附表形式，列明告知的详细物品特征及鉴定意见。同时，对于一份检材涉及多份鉴定意见的情况，如对某件物品既进行了真伪鉴定又进行了价格认定，可以在一份《鉴定意见告知书》中说明鉴定的详细情况。被告知人应签写是否同意鉴定意见，如果对鉴定意见存在异议，应当载明被告知人是否申请补充鉴定或者重新鉴定。三是规范告知程序。考虑到《鉴定意见告知书》本身反映的内容有限，为充分保障相关单位和人员的知情权，可视情况制作鉴定意见告知笔录，载明告知权利义务、鉴定内容和鉴定过程等内容，以及被告知对象的意见，配合《鉴定意见告知书》体现告知的真实性和完整性。四是规范告知范围。比如，涉嫌受贿问题的鉴定意见一般应告知被审查调查人、行贿人，结合个案情况确有必要的还应告知其他利害关系人。

第四节　勘验检查、调查实验、辨认笔录的收集与提取

纪检监察机关在开展审查调查工作时，除了言词证据和实物证据外，经常会对审查调查工作、措施使用以及证据收集的过程进行书面记录，包括勘验检查、调查实验、辨认等笔录以及扣押清单、情况说明等材料。对于这类证据属于言词证据还是实物证据，学界仍存在争议，也缺乏

系统的理论分析。由于这类证据产生于调查取证的过程中，同时也是对调查取证过程的书面记录，具有过程证据的属性，目前在学界和审查调查实践中将之统称为“笔录证据”，但这种“笔录证据”与谈话笔录、讯问笔录、询问笔录不同，其属于过程证据，主要是反映调查过程的合法性和真实性，而谈话、讯问、询问笔录属于结果证据，主要是反映案件事实本身的具体情况。

一、制作笔录证据的基本要求

（一）笔录证据的合法性

过程笔录的制作应当符合法律及有关规定的要求，审查调查人员、检查实验人员和见证人需要签名或盖章。笔录存在明显不符合法律及有关规定的情形，且不能作出合理解释或者说明的，不能作为证据使用。

（二）笔录证据的客观性

过程笔录内容应当全面、详细、准确、规范，准确记录提起勘验检查、调查实验、辨认的事由、时间、地点，在场人员、现场方位、周围环境等情况；准确记载现场、物品、人身等的位置、特征等详细情况以及检查、实验、辨认活动的过程；文字记载与实物或者绘图、录像、照片应当相符；固定证据的形式、方法要科学、规范；现场、物品、痕迹等不被破坏或者伪造，应当为原始现场；人身特征、伤害情况、生理状况不能伪装或者变化等。

（三）笔录证据的关联性

笔录证据的关联性可以从两个方面把握：第一，笔录证据和被审查调查人相关联，附带记录被审查调查人在调查过程中的反应和配合态度。第二，过程笔录中记载的情况应当与被审查调查人陈述、供述和辩解以及鉴定意见等其他证据关联印证，无明显矛盾。

二、勘验检查笔录的制作

《监察法》第 26 条规定，“监察机关在调查过程中，可以直接或者指派、聘请具有专门知识、资格的人员在调查人员主持下进行勘验检查”。

（一）勘验检查的范围

勘验是针对与案件有关的场所、物品等所进行的观察、测量、检验、拍照、绘图等活动，目的是了解与案件有关的场所、物品，发现和收集证据；检查是针对与案件有关的人所进行的观察、检验等活动，目的在于确定被审查调查人、被害人的某些特征、伤害状况或者生理状态。

（二）勘验检查的程序手续

勘验检查应当由 2 名以上审查调查人员进行，必要时，可以指派技术人员或者聘请具有专门知识、资格的人员，在审查调查人员的主持下进行勘验、检查。勘验检查时应持勘查证进行。

（三）勘验检查的要求

勘验检查时，应当邀请 2 名与案件无关的见证人在场。勘验、检查情况应当制作笔录，并由参加勘验、检查人员和见证人签名或者盖章。勘验检查要按照“先静后动，先下后上；先重点后一般，先固定后提取”的原则，详细勘验、检查现场，发现、固定、记录和提取物证、书证等证据，实施相关勘验活动。

（四）人身检查的要求

为了确定被审查调查人或相关人员的某些特征、伤害情况或者生理状态，审查调查人员可以对人身进行检查。必要时，可以聘请法医或者医师进行人身检查，提取指纹，采集血液、尿液等生物样本。采集生物样本应当由医师进行。被审查调查人或相关人员拒绝检查的，可以强制检查。检查女性的身体，应当由女性工作人员或者医师进行。人身检查不得采用损害被检查人生命、健康或贬低其名誉、人格的方法。在人身检查过程中知悉的被检查人的个人隐私，审查调查人员应当保密。

（五）全程录音录像

勘查现场应当全程录音录像，勘查现场的情况应当拍摄现场照片、制作现场图并签名。

（六）制作勘验检查笔录

勘验检查时，应当现场制作勘验检查笔录。勘验检查笔录应符合勘验检查时的客观情况，结构要件要完整，记录的内容要求真实、准确、全面、清楚。按照内容不同，勘验检查笔录一般可分为现场勘验笔录和人身检查笔录。

1. 现场勘验笔录的具体内容

（1）接到报案的时间，案件发生或者发现的时间、地点，报案人、被害人或被审查调查人的姓名、职业、住址以及他们叙述的案件发生、发现的情况。

（2）保护现场人员的姓名、职业，到达现场的时间和采取了何种保护措施以及保护过程中发现的情况。

（3）现场勘验指挥人员和参加现场勘验人员的姓名、职务，见证人的姓名、职业和住址。

（4）勘验工作开始和结束的时间，勘验的顺序以及当时的气候和光线条件。

（5）现场所在地的位置及其周围环境。

（6）现场中心及有关场所的情况，现场变动和变化的情况以及反常现象。

（7）现场的遗留物和痕迹的情况。

（8）提取物证（包括物品和痕迹）、书证的名称、数量。

（9）现场拍照的内容、数量。

（10）绘制现场图的时间、方位、种类和数量。现场图应写明名称、图例及说明事项，并由绘图人签名。

2. 人身检查笔录的具体内容

（1）检查的时间、地点，检查人员的姓名、职务，被检查人的姓名、职业、住址，检查的内容和检查所见等。

（2）被检查人拒绝检查时，可以强制检查，相关情况应在笔录中记明。检查女性的身体，应当由女性工作人员或者医师进行，相关情况也应在笔录中记明。

此外，如系补充勘验检查的，需在笔录中注明补充勘验检查的原因。

三、辨认笔录的制作

辨认，是指为了查明案情、核实证据，审查调查人员在必要时让被审查调查人、证人或被害人对与案件相关的人员、物品、场所等进行辨别、指认的过程。《监察法》未就辨认作出专门规定，但《刑事诉讼法》第50条将辨认笔录列为证据的一种，《监察法实施条例》也将辨认笔录列为审查调查证据的一种。《人民检察院刑事诉讼规则》和《公安机关办理刑事案件程序规定》在《刑事诉讼法》的基础上对辨认进行了具体规范，最高人民法院《关于适用〈中华人民共和国刑事诉讼法〉的解释》第

105 条规定了对辨认笔录审查的重点，包括辨认的过程、方法以及辨认笔录的制作等规定。监察机关在调查取证的过程中，应当按照《监察法实施条例》的要求和刑事诉讼的相关规定开展辨认工作。

（一）做好辨认前的准备工作

辨认前应当向辨认人详细询问被辨认对象的具体特征，对于亲身感知的实物，要问清物品的名称、大小、特征以及物证存放的地点等情况，对于听说的要追根求源问清具体情况，要避免辨认人见到辨认对象，并应当告知辨认人有意作虚假辨认应负的法律责任。

（二）确保辨认过程的合法、合规性

辨认应当在审查调查人员的主持下进行，执行辨认的审查调查人员不得少于 2 人，必要时可以有见证人在场。辨认应当严格遵守自由辨认、混杂辨认、分别辨认等规则，在辨认前和辨认过程中，审查调查人员不得进行暗示或者诱导；不得在辨认前向辨认人展示辨认对象及其影像资料，不得给辨认人任何暗示。必要时可以对辨认过程进行录音录像。

在辨认被审查调查人时，被辨认的人数不得少于 7 人，照片不得少于 10 张；辨认物品时，同类物品不得少于 5 件，照片不得少于 5 张。同时，对实物照片进行辨认的，应当进一步规范照片内容，照片中除物品外，还需要

体现扣押编号和标尺，如有包装物，需一并拍照；辨认人需将辨认结果写在辨认照片下，注明“经过辨认，照片×号，就是××年×月×日我在××处收受××所送的××”，并签名、注明日期；辨认材料应附在相应辨认笔录后面。

职务犯罪案件调查中还存在出示确认的情况。对于难以找到相似物品的特定物，可将该物品照片交由本人进行确认并在照片上签字。开展确认工作，应当注意把握以下几点：一是在确认前，应当向本人详细询问物品的具体特征，并对确认过程和结果形成笔录，该笔录按讯问笔录或询问笔录对待。对本人已无法说明物品特征的，一般不再要求其对物品进行确认。二是组织出示确认时一般应当出示实物，如果被辨认的实物系名贵字画等贵重物品或者存在不便搬运等情况的，也可以对实物照片进行确认。被调查人应当在对应的实物照片上签字确认。三是对于金条、珠宝等特征不明显的不易辨识物，被调查人能够认出来的，应当由其解释合理性并在笔录中体现。

（三）辨认笔录的制作

辨认笔录应当由主持辨认的审查调查人员在辨认进行的同时进行同步制作，辨认笔录应符合辨认时的客观情况，做到全面、详细、准确。辨认笔录的结构要件要完整，记录的内容要求真实、准确、全面、清楚。要写明辨认的起止时间、地点，主持辨认的审查调查人员、辨认人、见证人、辨认对象的基本情况和辨认目的；应当如实记录辨认活动的过程和结论，写明辨认人进行辨认的具体情况和现实条件，提供辨认对象的情况，辨认方法和辨认过程中辨认人的态度，辨认结果等。具体要件包括：

（1）辨认的时间、地点以及可能会对辨认造成影响的天气条件、环境条件等。

（2）辨认人的姓名、年龄、职业、工作单位、住址。

（3）辨认主持人、见证人、被辨认物的持有人姓名、职业、工作单位、住址。

（4）辨认对象的具体情况，如被辨认人的姓名、性别、年龄、职业、住址，被辨认物品的种类、型号、形状、数量等。

（5）混杂辨认客体（人或物品）的具体情况。

（6）辨认人对辨认结果和根据的陈述，即认定同一、不同一或相似，认定的根据是什么。

（7）辨认笔录应由辨认人签名确认、捺指印，见证人、主持辨认的审查调查人员也应分别签名。

四、调查实验笔录的制作

调查实验是为了验证在某种条件下某一事件或现象是否发生、过程及后果如何，在与案件相同的条件下实验性地重演该事件的专门活动及其结果作出的实况记录。《监察法实施条例》第 140 条对调查实验笔录作了专门规定："为查明案情，在必要的时候，经审批可以依法进行调查实验。调查实验，可以聘请有关专业人员参加，也可以要求被调查人、被害人、证人参加。进行调查实验，应当全程同步录音录像，制作调查实验笔录，由参加实验的人签名。进行调查实验，禁止一切足以造成危险、侮辱人格的行为。"调查实验在审查调查违纪、职务违法和职务犯罪案件中较为少用，具体工作中，也可协请有关部门帮助开展。纪检监察机关制作调查实验笔录，应当按照收集、提取"笔录证据"的总体要求进行，调查实验笔录的结构要件参照勘验检查笔录等的要求制作。

第五节　量刑情节说明材料的出具

《监察法》第 31 条规定，涉嫌职务犯罪的被调查人主动认罪认罚，具有自动投案、坦白、立功、积极退赃的，监察机关经领导人员集体研究，并报上一级监察机关批准，可以在移送人民检察院时提出从宽处罚的建议。《监察法实施条例》及相关规定明确，对于涉嫌职务犯罪需要移送审查起诉的，调查组应当形成被调查人到案经过及量刑情节方面的材料，包括案件来源，到案经过，自动投案、如实供述、立功等量刑情节，认罪悔罪态度，退赃，避免和减少损害结果发生，以及敏感事项等方面的情况说明及相关材料。因此，审查调查中应当注重收集、提取这方面的证据材料。

一、量刑情节说明材料的内容

（一）需要作出说明的材料

需要作出说明的材料包括案件线索来源，初步核实、立案、采取留置措施的情况，给予开除党籍、开除公职的情况；监察机关移送的被调查人涉嫌职务犯罪的问题和线索情况；被调查人存在自首、坦白的情况；被调查人检举揭发以及监察机关查证情况；被调查人退赃情况以及监察机关暂扣涉案财物情况；被调查人在审查调查期间的态度和认识等。说明材料由 2 名以上审查调查人员签字，并加盖案件承办部门公章。

（二）相关证据材料

除上述相关情况的说明外，还需收集相关的证据材料，并按照移送要求装订成卷。这些材料包括证明被调查人自动投案、坦白、立功情况的相关证据材料；证明被调查人存在犯罪预备、中止、未遂，属于从犯、胁从犯等情形的相关证据；证明被调查人属于限制行为能力人的相关证据等。

（三）敏感事项说明材料

对于审查调查中发现的敏感事项，需要司法机关在刑事诉讼中采取必要保密措施的，案件承办部门应认真梳理，形成《××案敏感事项报告》，按程序报批后一并移送案件审理部门。如果审查调查中发现的敏感事项与认定的犯罪事实无关或不影响犯罪事实、情节、性质认定的，不宜将相关材料归入职务犯罪案卷，而是按内部规定程序处置后归入违纪违法卷宗或另行作为内部材料保管。案件承办部门经梳理认为案件不涉及敏感事项的，也应形成《××案不涉及敏感事项的情况报告》，按程序报批后一并移送案件审理部门。

（四）提出从宽处罚建议

根据党中央关于完善刑事诉讼中认罪认罚从宽制度的要求，为与最高人民法院、最高人民检察院、公安部、国家安全部、司法部《关于在部分地区开展刑事案件认罪认罚从宽制度试点工作的办法》相衔接，体现惩前毖后、治病救人的精神，提高反腐败工作效率，《监察法》就监察机关对涉嫌职务犯罪的被调查人和职务违法犯罪的涉案人员提出从宽处理作出规定。《监察法》第31条、第32条规定，涉嫌职务犯罪的被调查人主动认罪认罚存在特定情形，职务违法犯罪的涉案人员揭发有关被调查人职务违法犯罪行为查证属实的或提供重要线索有助于调查其他案件的，监察机关经领导人员集体研究，并报上一级监察机关批准，可以在移送人民检察院时提出从宽处罚的建议。提出从宽处罚建议应遵循有关程序和要求：

1. 具有法定情形

对被调查人提出从宽处罚建议应有下列情形之一：自动投案，真诚悔罪悔过的；积极配合调查工作，如实供述监察机关尚未掌握的违法犯罪行为的；积极退赃，减少损失的；具有重大立功表现或者案件涉及国家重大利益等情形。对职务违法犯罪的涉案人员提出从宽处罚建议应具有下列情形之一：揭发有关被调查人职务违法犯罪行为，经查证属实的；提供重要线索，有助于调查其他案件的。

2. 依法提出建议

对于符合上述从宽处罚法定情形的被调查人，监察机关"可以"而不是"应当"提出从宽处罚建议。监察机关提出从宽处罚建议，应在坚持以事实为依据、以法律为准绳原则的基础上，综合评估被调查人的犯罪事实、性质、情节和认罪悔罪态度及表现，职务违法犯罪的涉案人员的态度和调查工作发挥的作用，具体包括从轻处罚、减轻处罚和免除处罚。从轻处罚是指在法定刑的幅度内适用相对较轻的刑种或处以较短的刑期；减轻处罚是指在法定最低刑以下判处刑罚；免除处罚是指虽已构成犯罪，但由于某些原因不判处刑罚。

3. 严格履行程序

为确保决策程序公正公开，防止随意性，给予与被调查人罪责轻重相适应的法律制裁，体现对悔过自新的被调查人宽大处理的政策意图，鼓励职务违法犯罪的涉案人员积极配合监察机关的调查工作，监察机关提出从宽处罚建议应严格履行批报程序，无论是在将职务犯罪案件移送检察机关阶段提出，还是在监察机关审理阶段提出，都应经领导人员集体研究，并报上一级监察机关批准。

4. 附有相关材料

监察机关提出从宽处罚建议，应当附有量刑情节说明材料，以及证明自首、坦白、立功情况的相关证据；证明被调查人存在犯罪预备、中止、未遂，属于从犯、胁从犯等情形的相关证据；证明被调查人属于限制行为能力人的相关证据等。

二、认定为自首的相关材料

（一）构成一般自首的要件

参照刑事诉讼的相关规定，一般自首是指犯罪以后自动投案，如实供述自己的罪行的行为。《中华人民共和国刑法》（以下简称《刑法》）规定，自首可以从轻或者减轻处罚；犯罪较轻的，可以免除处罚。监察机关调查职务犯罪案件时，认定被调查人有一般自首行为应符合以下要件：

1. 自动投案

自动投案，是指被调查人将自己置于监察机关的合法控制下，进而接受调查与处置。被调查人自动投案需是被调查人的犯罪事实未被监察机关掌握或者虽被掌握犯罪事实，但被调查人尚未受到监察机关的调查谈话、讯问或者未被宣布采取留置等调查措施。被调查人投案方式包括：一是被调查人向监察机关投案；二是被调查人向公安、检察、审判机关等机关投案；三是被调查人向其所在单位、有关组织或者其他有关负责人投案；四是被调查人因病、伤或者为了减轻犯罪后果，委托他人先代为投案，或者先以信电方式投案；五是被调查人犯罪后逃跑，在被通缉、追捕过程中主动投案；六是经查实，被调查人确已准备去投案或者正在投案途中，被监察机关等机关强制归案，应当视为自动投案。

2. 如实供述自己的罪行

如实供述自己的罪行，是指被调查人自动投案后，如实供述自己的主要犯罪事实以及姓名、年龄、职业、住址、前科等情况。犯有数罪的被调查人，仅如实供述所犯数罪中部分犯罪的，只对如实供述部分犯罪的行为认定为自首。投案后没有交代全部犯罪事实，但如实交代的犯罪情节重于未交代的犯罪情节，或者如实交代的犯罪数额多于未交代的犯罪数额，一般应认定为如实供述自己的主要犯罪事实。被调查人自动投案并如实供述自己的罪行后又翻供的，不能认定为自首；但在调查终结前又能如实供述的，监察机关应当认定为自首。

同时，共同犯罪案件中的被调查人，除如实供述自己的罪行，还应当供述所知的同案犯；主犯则应当供述所知其他同案犯的共同犯罪事实，才能认定为自首。

参照刑事诉讼的相关规定，监察机关认定被调查人自首，应当出具被调查人自动投案、如实供述自己罪行的情况说明材料，并加盖监察机关印章。情况说明材料应包括被调查人自动投案的具体时间、投案地点、投案经过、投案后如实交代的情况、监察机关立案调查时间等，同时要提供办案机关与被调查人的首次谈话笔录、接受被调查人投案的相关负责人的证言、被调查人自书的材料等。

（二）构成特殊自首的要件

特殊自首也叫特别自首、准自首，是指已被采取调查谈话、讯问、留置等调查措施的被调查人，被采取强制措施的犯罪嫌疑人、被告人或者正在服刑的罪犯，如实供述监察机关或司法机关尚未掌握的本人其他罪行的行为。认定被调查人有特殊自首行为需符合以下要件：

（1）主体必须是已被采取调查谈话、讯问、留置等调查措施的被调查人，被采取强制措施的犯罪嫌疑人、被告人或正在服刑的罪犯。

（2）必须如实供述监察机关或司法机关尚未掌握的本人其他罪行。

其中，关于“未掌握”的认定，应区分不同情形：如果该罪行已被通缉，一般应以是否在通缉令发布范围内作出判断，不在通缉令发布范围内的，应认为是尚未掌握，在通缉令发布范围内的，应视为已掌握；如果该罪行已录入全国公安信息网络在逃人员信息数据库，应视为已掌握；如果该罪行未被通缉，也未录入全国公安信息网络在逃人员信息数据库，应以监察机关或司法机关是否已实际掌握该罪行为标准。

关于“其他罪行”的认定，即与监察机关或司法机关已掌握的或者判决确定的罪行属于不同种罪行，一般应以罪名区分。虽然如实供述的其他罪行的罪名与司法机关已掌握犯罪的罪名不同，但如实供述的其他犯罪与司法机关已掌握的犯罪属选择性罪名或者在法律、事实上密切关联，比如，因受贿被采取强制措施后，又交代因受贿为他人谋取利益行为，构成滥用职权罪的，应认定为同种罪行。

被调查人具有以下情形之一的，应当认定为如实供述监察机关尚未掌握的本人其他罪行：被调查人如实交代监察机关未掌握的罪行，与监察机关已掌握的罪行属不同种罪行的；监察机关所掌握线索针对的犯罪事实不成立，在此范围外被调查人交代同种罪行的。

三、认定坦白的相关材料

坦白，是指被调查人被强制归案后，如实交代自己罪行的行为。《刑法》第 67 条规定，犯罪嫌疑人坦白可以从轻处罚，如果避免特别严重后果发生的，可以减轻处罚。需要注意的是，在涉嫌贪污受贿等职务犯罪中，如实交代自己的罪行，并主动退赔或退赃的，不属于“避免特别严重后果发生”的情形，是坦白行为之外的行为。参照刑事诉讼的相关规定，监察机关在调查职务犯罪案件中，认定被调查人有坦白行为的，一般应当收集相关证据：一是被调查人归案时间、地点、方式，如实交代的具体情况等；二是监察机关对被调查人的讯问笔录，被调查人的自书材料等；三是有关证人证言；四是监察机关立案决定书，公安机关、司法机关受案情况登记或说明等。

四、认定立功的相关材料

刑事诉讼中的立功表现，是指犯罪分子有揭发他人犯罪行为，查证属实的，或者提供重要线索，从而得以侦破其他案件等表现。《刑法》第 68 条规定，犯罪分子有立功表现的，可以从轻或者减轻处罚；有重大立功表现的，可以减轻或者免除处罚。立功表现主要有以下三种：一是揭发他人犯罪行为，经查证属实的；二是提供重要线索，从而使其他案件得以侦破的；三是其他立功表现，如协助司法机关抓捕其他犯罪嫌疑人，阻止他人犯罪活动等。监察机关在办理职务犯罪案件中，应当参照刑事诉讼的相关规定认定立功表现。

（一）构成立功的要件

（1）在立功的线索、材料来源上，本人通过非法手段或者非法途径获取，本人因原担任的查禁犯罪等职务获取，他人违反监管规定向被调查人提供，负有查禁犯罪活动职责的国家机关工作人员或者其他国家工作人员利用职务便利提供的，不能认定被调查人有立功表现。

（2）据以立功的他人罪行材料应当指明具体犯罪事实，但不要求完全符合犯罪的构成要件。

（3）据以立功的线索或者协助行为对于侦破、调查案件或者抓获其他被调查人、犯罪嫌疑人要有实际作用。

（4）必须经查证属实。

此外，被调查人有检举、揭发他人重大犯罪行为，经查证属实；提供侦破其他重大案件的重要线索，经查证属实；阻止他人重大犯罪活动；协助抓获其他重大被调查人、犯罪嫌疑人（包括同案犯）；对国家和社会有其他重大贡献等表现的，属于有重大立功表现。其中，“重大犯罪”“重大案件”“重大犯罪嫌疑人”是指被调查人、犯罪嫌疑人、被告人可能被判处无期徒刑以上刑罚或者案件在本省、自治区、直辖市乃至全国范围内有较大影响等情形。

（二）证明立功表现证据

参照刑事诉讼的相关规定，监察机关在调查职务犯罪案件时，出具被调查人有立功表现的情况说明材料，一般应当收集相关证据：一是被调查人检举揭发时间、地点、方式及内容，监察机关或司法机关的查证情况等；二是监察机关对被调查人的讯问笔录，被调查人的自书材料等检举揭发材料，以及证明其来源的材料，监察机关调查人员应在接收的材料上签名，并加盖单位印章；三是监察机关或司法机关制作的关于被检举揭发人的调查核实材料，包括有关机关查证情况说明、被检举人的供述、有关机关的调查核实材料及相关证据，如被检举揭发案件已立案、调查，被检举人被采取调查措施、提起公诉或者审判的相关法律文书，包括立案决定书、留置决定书、调查报告、起诉意见、逮捕决定书、起诉书或者判决书等。

五、认罪态度和一贯表现说明材料

被调查人认罪态度和一贯表现是酌定量刑情节。监察机关在调查职务犯罪案件过程中，需对被调查人认罪态度和一贯表现出具说明材料。

（一）说明材料由监察机关出具，并加盖单位印章

材料包括被调查人平时一贯表现，是否受过党纪政务处分、刑事处罚或行政处理；案发后被调查人的表现情况，如是否存在进行串供、毁灭证据、伪造证据、转移赃物等妨碍调查的行为，或者积极退赃、赔偿单位损失等积极悔改的行为；被调查人被讯问后的认罪态度等。

（二）证明被调查人平时表现的证据

该部分证据包括被调查人单位、所在街道有关组织出具的证明材料，并加盖有关组织印章；有关证人证言。

（三）证明被调查人受到党纪政务处分、刑事处罚或行政处理的证据

该部分证据包括党纪政务处分决定书、刑事判决裁定书、相对不起诉决定书、行政处罚决定书等。

（四）证明被调查人犯罪动机、手段、对象以及造成后果严重性的相关证据

该部分证据包括有关部门出具的犯罪对象特殊性说明、危害结果的审计意见等。

（五）证明被调查人供述具有一贯性的证据

该部分证据包括被调查人陈述、供述和辩解，自书材料等。

（六）证明被调查人案发后存在妨碍调查行为的证据

该部分证据包括被调查人陈述、供述和辩解，自书材料及相关证人证言等。

六、被调查人退赃情况说明

参照刑事诉讼的相关规定，贪污案件中赃款赃物全部或者大部分追缴的，一般应当考虑从轻处罚；受贿案件中赃款赃物全部或大部分追缴的，视具体情况可以酌定从轻处罚。监察机关在调查职务犯罪案件过程中，需要对被调查人退赃情况出具说明材料。

（一）说明材料由监察机关出具，并加盖单位印章

材料包括被调查人主动交代赃款赃物去向情况，被调查人动员家属、亲友帮助退赃情况，赃款赃物追缴情况。

（二）证明退赃情况的证据

该部分证据包括被调查人陈述、供述和辩解，要求家属、亲友帮助退赃的亲笔信函；家属、亲友等人退赃的证言；暂扣物品清单等相关书证；暂扣的物证等。

七、案发经过说明材料

参照刑事诉讼的相关规定，监察机关在调查职务过程中，需出具案发经过说明材料。说明材料由监察机关出

具，并加盖单位印章。

根据不同情况，证明案发经过的证据主要包括：（1）有关机关在工作中发现国家工作人员涉嫌职务犯罪问题的线索材料；（2）有关人员检举揭发被调查人的供述、证人证言等线索材料；（3）自动投案的被调查人的投案供述材料、自书材料，以及接受投案的机关出具的投案时间、地点、经过的情况说明，并由接受投案的机关承办人签名、加盖接受机关印章；（4）接受投案的机关登记材料、监察机关立案决定书等程序文件；（5）被调查人被异地监察机关、公安机关等追捕归案的，应由抓获机关出具追捕归案经过说明等材料。

八、出具量刑情节说明材料的常见问题

对于案件承办部门提供的有关案发经过以及被调查人是否具有自首、坦白、立功、主动上交、退赔涉案财物等涉及量刑情节的书面说明材料，应当由 2 名以上调查人员签字，并加盖案件承办部门公章。

在具体制作书面说明材料时，要注意相关要求：一是尽量详细客观表述相关情况，但不对被调查人是否有自首、立功情节等问题直接作出明确结论性意见，以免因监察机关与司法机关认定的结论存在出入而引发争议。二是相关说明应尽可能与在案其他证据在取证逻辑上保持一

致。比如，情况说明反映被调查人主动交代办案机关未掌握的犯罪事实，则入卷的讯问笔录、询问笔录反映的交代顺序应尽量与上述说明一致，避免出现证人证言在先、供述在后等矛盾情况；又如，在情况说明中认定被调查人主动交代部分事实，但在其他案件中该认定的相关事实系他人检举揭发，对此应作出合理解释。三是根据相关法律和司法解释的规定，法院审查的立功证据材料，一般应包括被告人检举揭发材料及证明其来源的材料、有关机关的调查核实材料、被检举揭发人的供述等。在实践工作中，考虑到一些重大案件的特殊性，对于被调查人的立功情节，目前法院主要依靠监察机关出具的情况说明认定，如条件允许，可进一步提供其他相关证据。四是案件承办部门除了需要在《起诉建议书》中简要说明量刑情节外，还应另行专门书面出具量刑情节的具体说明材料，二者不能相互替代。

第五章　常见职务犯罪案件证据的收集与提取

《监察法》规定，监察机关对公职人员和有关人员涉嫌贪污贿赂、滥用职权、玩忽职守、权力“寻租”、利益输送、徇私舞弊以及浪费国家资财等职务违法和职务犯罪进行调查。《监察法实施条例》进一步明确，监察机关可以管辖的职务犯罪共涉及 101 个罪名。根据《监察法》《刑法》《刑事诉讼法》等有关法律法规规定，本书按照审查调查实践工作中所查办案件涉及罪名的频次，重点对较为常见的受贿罪、贪污罪、巨额财产来源不明罪、挪用公款罪、行贿罪、滥用职权罪、玩忽职守罪等职务犯罪的调查取证思路和主要证据要求，逐一梳理。

第一节　受贿案件的构成要件和取证要点

一、受贿罪的概念及犯罪构成

根据《刑法》的相关规定，受贿罪是指国家工作人员利用职务上的便利，索取他人财物，或者非法收受他人财物，为他人谋取利益的行为。国家工作人员在经济往来中，违反国家规定，收受各种名义的回扣、手续费，归个人所有的，以受贿论处。国家工作人员利用本人职权或者地位形成的便利条件，通过其他国家工作人员职务上的行为，为请托人谋取不正当利益，索取或者收受请托人财物的，以受贿论处。

（一）受贿罪的主体要件

受贿罪作为身份犯，主体具有特殊性，即国家工作人员。具体包括《刑法》第93条规定的四类人员：国家机关工作人员；国有公司、企业、事业单位、人民团体中从事公务的人员；国家机关、国有公司、企业、事业单位委派到非国有公司、企业、事业单位、社会团体从事公务的人员；其他依照法律从事公务的人员。与贪污罪的主体相比，受贿罪主体不包括“受国家机关、国有公司、企业、事业单位、人民团体委托管理、经营国有财产的人员”。

（二）受贿罪的主观方面

受贿罪的主观罪责形式是故意，即行为人明知是利用职务上的便利或者职务上的影响力索取他人财物或者收受他人财物，或者为他人谋取利益的行为而有意为之的心理态度。故意的认识内容应当包括权钱交易中的“权”和“钱”两方面的内容以及两者的交换关系，即国家工作人员应明知自己是利用职务上的便利索取或收受他人财物，或者明知自己利用职务上的便利为他人谋取利益，或者明知利用本人职权或者地位形成的便利条件，通过其他国家工作人员职务上的行为，为请托人谋取不正当利益，也明知自己收受或者索取请托人的财物，是其职权和谋利行为的对价。故意的意志内容为，行为人为了获得贿赂，不惜出卖国家公权力，希望或者放任这种权钱交易的发生。受贿故意产生的时间，可以是谋利之前，也可以是谋利之后，但必须有此故意。受贿故意，不仅影响受贿罪的成立，也影响受贿金额的认定，实践中要重点把握。

（三）受贿罪的客观方面

受贿罪的客观方面的内容为，国家工作人员利用职务上的便利，索取他人财物，或者非法收受他人财物，为他人谋取利益（一般称为普通受贿或直接受贿），或者利用本人职权或者地位形成的便利条件，通过其他国家工作人员职务上的行为，为请托人谋取不正当利益，索取或者收受请托人财物（一般称为斡旋受贿或间接受贿）。

1. 利用职务上的便利或者职权影响力

根据《刑法》和《刑事诉讼法》的相关规定，“利用职务上的便利”既包括利用本人职务上主管、负责、承办某项公共职权，也包括利用职务上有隶属、制约关系的其他国家工作人员的职权。担任单位领导职务的国家工作人员通过不属于自己主管的下级部门的国家工作人员的职务为他人谋取利益的，应当认定为“利用职务上的便利”为他人谋取利益。受贿罪中的职务指的是从国家工作人员个人角度讲其所处的位置及其所拥有的职权。“职权”一般指职务范围内的权限，是国家机关及其公职人员依法作出一定行为的资格，职务和职权紧密相关，一定的职务必定对应某种职权。审查调查实践中，利用本人职权和具有隶属关系的其他国家工作人员的职权，一般比较容易把握，而如何理解制约关系则是实践中的难点。与隶属关系相比，制约关系在职权关系上要弱很多，但国家工作人员之间制约关系的判定更为复杂，这个区分还关系到是构成普通受贿罪还是斡旋受贿罪的问题。制约关系，一般是指一个国家工作人员的职权对另一个国家工作人员的职权行使具有相当的制约力和影响力，所以该国家工作人员才会按照其要求，利用本人职权为请托人谋取相应的利益。需要注意的是，一个国家工作人员可能担任多个职务，只要其中一个职务可以制约到其他国家工作人员即可。

2. 为他人谋取利益

关于受贿罪的“为他人谋取利益”要素，首先要明确“利益”的有关内容：一是利益如何谋取，即“利益”必须是国家工作人员利用职权谋取的，而非利用自身知识、体能、声望、亲情关系等为请托人谋取；二是利益是否正当，正当与否直接关系到罪名的适用。

另外，根据《刑事诉讼法》的相关规定，认定“为他人谋取利益”具体包括：一是实际或者承诺为他人谋利的；二是明知他人有具体请托事项的；三是履职时未被请托，但事后基于该事由收受他人财物的。国家工作人员索取、收受具有上下级关系的下属或者具有行政管理关系的被管理人员财物价值 3 万元以上，可能影响职权行使的，视为承诺为他人谋取利益。“为他人谋取利益”涵盖了承诺、实施和实现三个阶段的行为，达到承诺谋利或明知请托事项即可，不要求一定实施或实现谋利事项。需要注意的是，这里的谋利事项，应是相对具体的谋利事项，如果只是概括的可能有求于国家工作人员，没有具体事项，不宜轻易认定为具备“为他人谋取利益”要素。“承诺”谋利是否包括虚假承诺？如果国家工作人员本人的职权根本无法实现请托人的谋利事项，却承诺帮助并收取其钱财，因为其不具有出卖职务行为的可能性，因而认定为构成诈骗罪或其他犯罪为宜；如果其具有某项职权，但是并不真正想帮助请托人谋利，虚假承诺帮助并收取请托人钱财的，可以认定构成受贿罪。

3. 谋取不正当利益

普通受贿罪中谋取的利益，既可以是正当利益，也可以是不正当利益。斡旋受贿罪中，须为不正当利益。根据《刑事诉讼法》的相关规定，谋取不正当利益指的是行贿人谋取的利益违反法律、法规、规章、政策规定，或者要求国家工作人员违反法律、法规、规章、政策、行业规范的规定，为自己提供帮助或者方便条件。违背公平、公正原则，在经济、组织人事管理等活动中，谋取竞争优势的行为均被规定为谋取不正当利益。

4. 索取他人财物

索取他人财物是指行为人利用职务上的便利，主动向他人索要或勒索财物。索取型受贿罪的成立，不以国家工作人员为他人谋取利益为要素，只要求国家工作人员利用职务上的便利向他人索要贿赂即可。索贿主要是就国家工作人员角度而言的，须是国家工作人员积极主动索要财物，国家工作人员是整个索取型受贿的发起者，而请托人一方是否愿意给予财物，并不是问题的关键，也不影响索贿的成立，但请托人必须知道国家工作人员是基于职务上的便利索要财物，即知道财物的贿赂性质，否则不能认定为行贿受贿关系。

5. 收受他人财物

收受他人财物是指行为人利用职务上的便利，为他人谋取利益，被动地接受对方给予的财物。收受型受贿要求行为人利用职务上的便利为他人谋取利益。

6. 斡旋受贿中利用本人职权或者地位形成的便利条件

根据《刑事诉讼法》的相关规定，“利用本人职权或者地位形成的便利条件”是指行为人与被其利用的国家工作人员之间在职务上虽然没有隶属、制约关系，但是行为人利用了本人职权或者地位产生的影响和一定的工作联系。比如，单位内不同部门的国家工作人员之间，上下级单位没有职务上隶属、制约关系的国家工作人员之间，有工作联系的不同单位的国家工作人员之间，等等。前述“本人职权或者地位产生的影响”，是指行为人基于其职权或者地位产生的“权力性影响力”，而非“非权力性影响力”；“工作联系”范围要更广泛，但通常也是基于职务、业务等工作关系产生的联系，不能是基于亲情、友情、社交等产生的影响力或联系。

7. 斡旋受贿中通过其他国家工作人员职务上的行为，为请托人谋取不正当利益

斡旋受贿中的贿赂的实质是斡旋行为的对价，而不是其他国家工作人员职务行为的对价。因此，在实践中对于斡旋受贿的谋利要素，一般把握为被调查人接受行贿人请托，承诺通过其他国家工作人员职务上的行为，为请托人谋取不正当利益的，无论是否实际已向该国家工作人员提出要求，视为承诺为他人谋取利益。或者只要斡旋行为发生了，也就是国家工作人员向第三方国家工作人员转请托，即可认定。

8. 斡旋受贿中索取请托人财物或者收受请托人财物

斡旋受贿中，无论是索取请托人还是收受请托人财物，都要具备谋利要素，即构成斡旋受贿都要以“通过其他国家工作人员职务上的行为，为请托人谋取不正当利益”为前提。

二、受贿罪主体证据的取证要求

按照受贿犯罪主体身份的不同类型应当全面收集、提取被调查人的自然人身份以及有关职务任免、职责分工等方面的证据。

1. 证明被调查人的自然人身份，一般应当收集的基本证据包括：

（1）证明被调查人自然人身份的户口所在地公安派

出所出具的户籍证明，或者县以上公安机关出具的常住人口基本信息等书证；户籍证明、常住人口基本信息材料均应当附被调查人免冠照片以及同户和家庭成员情况。

（2）如被调查人的辩护人或近亲属提出被调查人不具有刑事责任能力的，应当有针对性地调取证明有关刑事责任能力的健康状况、疾病鉴定等书证。

（3）证明被调查人是否曾因违纪违法及犯罪受过党纪、政务处分和刑事处罚情况等书证，包括刑事判决书、裁定书、释放证明、假释证明、暂予监外执行证明、不起诉决定书、党纪政务处分决定等材料。

（4）证明被调查人有关政治面貌、其他职务的书证，如担任各级人大代表、政协委员和党代表等证明材料。

（5）被调查人及相关证人关于其自然人身份的供述和证言。

对涉及行贿人、共同受贿人或介绍贿赂人等涉案人员身份情况的证据，按照以上要求收集。

2. 被调查人系国家机关工作人员的，一般应当收集的基本证据包括：

（1）证明被调查人任职期间从事公务的书证，包括职务任免文件、职责分工文件、干部履历表、职务证明、会议纪要等材料。

（2）单位主管人员及相关证人的证言。

（3）被调查人关于本人主体身份及职责权限的供述。

（4）其他有关被调查人主体身份及职责权限的证据。

被调查人所在单位系法律法规授权或受国家机关委托行使国家行政管理职权的，一般应调取该单位的统一社会信用代码证书，作出授权的法律法规或者国家机关的委托手续等书证；如其所在单位系国家机关的，可不调取统一社会信用代码证书等书证。

3. 被调查人系国有公司、企业、事业单位和人民团体中从事公务的人员的，一般应当收集的基本证据包括：

（1）证明被调查人任职期间所在国有公司、企业单位性质的书证，包括工商登记资料、营业执照、档案资料等；如需对单位股权情况进行单位性质具体判定的，还需收集证明单位股权情况的公司章程、股东名册、股权登记证明、验资报告、公司设立或变更文件、上级主管单位出资证明等材料。

（2）证明被调查人所在事业单位、人民团体单位性质的书证，包括法人证书、行业资质证明等书证材料。

（3）证明被调查人担任职务情况的书证，包括职务任免文件、职责分工文件、干部履历表、干部任免审批表、职务证明、会议记录、职工登记表、劳动合同等材料。

（4）单位主管人员及相关证人的证言。

（5）被调查人关于本人主体身份及职责权限的供述。

（6）其他有关被调查人主体身份及职责权限的证据。

被调查人系国有公司、企业中从事公务的人员的，在收集证据时应重点查明单位注册登记中的资金来源与实际出资是否相符，并综合工商登记情况、资金来源、利润分配及经营管理模式等方面，确定公司、企业性质；如根据有关证据无法明确单位性质的，可通过主管的国有资产管理部门或财政部门出具专门材料的方式予以明确。

被调查人任职期间国有公司、企业发生改制的，应当重点收集公司、企业改制过程中的相关证据材料，查明公司改制前后被调查人的身份性质。

4. 被调查人系国家机关、国有公司、企业、事业单位委派到非国有公司、企业、事业单位从事公务的人员的，一般应当收集的基本证据包括：

（1）证明委派单位及任职单位性质的书证，包括工商登记资料、营业执照、股权登记证明等材料。

（2）证明委派单位与任职单位之间关系的书证，包括存在合作、合资关系的相关协议、公司章程，存在人事、业务、财产管理关系的相关文件，有关主管机关出具的情况说明等材料。

（3）证明被调查人在委派单位任职情况的书证，包括职务任免文件、职责分工文件、干部履历表、干部任免审批表、职务证明等材料。

（4）证明被调查人被委派情况的书证，包括委派单位出具的委派决定文件、任职单位出具任命文件，有关会议记录及情况说明等材料。

（5）委派单位、任职单位主管人员及相关证人的证言。

（6）被调查人关于本人主体身份及职责权限的供述。

（7）其他有关被调查人主体身份及职责权限的证据。

被调查人系被委派人员的，应当重点了解委派的时间、涉及事项范围、权限及期限等情况。

5. 被调查人系经国家机关、国有公司、企业、事业单位提名、推荐、任命、批准等，在国有控股、参股公司及其分支机构中从事公务的人员的，应当收集的基本证据同前面关于委派人员的有关内容。

被调查人系经国家出资企业中负有管理、监督国有资产职责的组织批准或者研究决定，代表其在国有控股、参股公司及其分支机构中从事组织、领导、监督、经营、管理工作的人员的，除收集前述基本证据以外，还应当重点收集被调查人所在单位是否具有国有成分，被调查人的职务任免、职责权限与所在单位的授权组织有无联系，即职务任免是否经国家出资企业中负有管理、监督国有资产职责的党委会（党组会议）或党政联席会议集体讨论决定等方面的证据。

6. 被调查人系“其他依照法律从事公务的人员”的，一般应当收集的基本证据包括：

（1）证明被调查人所在单位、依照法律从事公务所在单位（如人大、政协、法院及基层组织等）性质的相关证据及相关法律依据。

（2）证明被调查人主体身份和职责权限的书证，包括被调查人所在单位提供的被调查人主体身份方面的书证，依照法律从事公务所在单位出具的任命文件、说明等材料；被调查人系人大代表或政协委员的，还需收集被调查人当选、辞去或被罢免人大代表或政协委员的证书、辞职信及人大、政协的相关决议、公告等材料。

（3）相关单位主管人员及证人的证言。

（4）被调查人关于本人主体身份及职责权限的供述。

（5）其他有关被调查人主体身份及职责权限的证据。

7. 被调查人系退休、离职、返聘人员等，一般应当收集退休、离职审批表、退工单、返聘协议及工资发放记录等证据。

斡旋受贿案件，重点要查明被调查人与受请托的其他国家工作人员之间职务上的关系，即虽不存在隶属、制约关系，但具有职务上的影响关系或工作关系，实际影响力的大小以及具体表现，应当分别收集证明被调查人与受请托的其他国家工作人员主体身份及职权范围的证据。

三、受贿案件客观方面证据的取证要求

普通受贿罪和斡旋受贿罪，虽然构成的主体均为国家工作人员，且均符合受贿行为权钱交易的本质，但普通受贿与斡旋受贿在客观行为上有所区别。一般来说，斡旋受贿要求谋取的利益具有不正当性，以及不仅需要建立受贿人与行贿人之间的权钱交易对价关系，还至少需要建立受贿的国家工作人员与其他国家工作人员的工作关系，以符合斡旋受贿的客观行为构成要件。

因此，受贿罪的客观行为证据可以概括为谋利行为和收受贿赂两个方面，普通受贿罪的客观行为证据包括“利用职务上的便利为他人谋取利益”和“索取或收受他人财物”，斡旋受贿罪的客观行为证据包括“利用本人职权或者地位形成的便利条件，通过其他国家工作人员职务上的行为为他人谋取不正当利益”和“索取或者收受他人财物”。

（一）收受型受贿客观行为证据

查证被调查人利用职务便利为行贿人谋取利益，非法收受财物的事实，一般应当收集以下基本证据：

（1）证明行贿人（单位）基本情况的证据，如行贿人的身份材料，行贿单位的工商登记资料、营业执照等书证。

（2）证明被调查人利用职务便利为行贿人（单位）谋取利益情况的业务合同、协议、单位账目往来情况、资质审核文件、请示批复文件、职责分工文件、会议记录、规章制度等书证，以明确请托事项是否属于不正当利益，是否造成损失以及损失情况。

（3）证明被调查人收受财物以及财物流转情况的银行账户开户资料、交易明细、付款凭证、转账凭证，行贿单位财务账簿，涉案财物购买凭证，行贿人、被调查人的日记、笔记等书证。

（4）证明行受贿双方交往以及请托谋利、收受财物等有关情况的录音录像、通话记录、聊天记录、电子邮件等视听资料、电子数据。

（5）价格认定结论书、审计报告、司法会计鉴定意见、笔迹鉴定、电子数据检验报告等鉴定意见。

（6）证明涉案有关证据和财物取证过程合法性的搜查笔录；扣押笔录和物品清单、涉案财物的照片及辨认笔录等。

（7）行贿人证言，代为收受财物人员（包括特定关系人）、涉案财物经手人员、介绍贿赂人员、在场人员以及谋利事项具体实施人员等相关证人的证言；行贿人与请托人不是同一人的，还应调取请托人（包括特定关系人）的证言；对谋利过程中存在转请托的，如涉及人员较少，应对所涉及人员均进行取证；如涉及人员较多，可视情取证到第 2 层或第 3 层；一般情况下，末层具体办事人员应当取证。

（8）被调查人陈述、供述和辩解，主要内容有：

一是请托人的基本情况，与其认识过程和关系；

二是请托人提出请托具体事项的时间、地点和内容，被调查人对该请托事项的态度和承诺，是否利用职务之便，以及实现请托谋利事项的过程；

三是是否收受请托人财物，以及收受的时间、地点、财物的特征和数量，收受财物与请托事项之间的对应关系等，如系特定关系人收受，被调查人是否事前授意或事后知情，特定关系人收受后是否告诉被调查人，以及被调查人知情后的态度和行为；

四是所收财物的去向。

（二）索取型受贿客观行为证据

被调查人索取贿赂的，除上述“收受型”的基本证据外，还要重点收集能够证明以下事项的证据：

（1）被调查人职权的范围和特点，该职权对行贿人（单位）是否具有职权的制约和影响。

（2）被调查人是否主导权钱交易进程，行贿人是否主动交付财物，以及交付财物时的心理状态。

（3）被调查人在何时、何地、以何种方式进行索贿，有无明示或暗示的语言或行动，有无以故意拖延或拒办合法事项等方式迫使行贿人或请托人交付财物。

（4）是否实际为行贿人谋得利益，是否属于不正当利益等。

（三）斡旋受贿客观行为证据

斡旋受贿案件在普通受贿行为的基础上，还应当重点查明被调查人要求其他国家工作人员为行贿人谋取利益，该国家工作人员接受请托、实现请托谋利事项的过程等具体情况；查明该国家工作人员具有为行贿人（单位）谋取利益的职务便利；查明为行贿人谋取的利益属于不正当利益等。需要收集以下基本证据：

（1）被调查人的陈述、供述和辩解，除参照普通受贿行为的有关内容进行收集外，重点内容还包括：

一是被调查人是否以及如何通过其他国家工作人员提供帮助；

二是被调查人的职权或地位对其他国家工作人员有何影响，重点排除两者之间属于特定关系人以及具有职务上的隶属、制约关系等；

三是其他国家工作人员的具体身份、职责权限、对请托事项的态度和答复情况，以及如何办理请托事项等；

四是是否为请托人谋取利益，谋取何种利益，所谋取的利益是否属于不正当利益，是否违反相关法律法规或公平公正原则。

（2）证人证言，除参照普通受贿行为的有关内容进行收集外，还应针对行贿人、特定关系人和其他国家工作人员进行重点收集，主要内容有：

一是被调查人和行贿人或请托人的身份情况、职责权限以及相互关系；

二是其他国家工作人员是否受到被调查人的职权或地位的影响，重点排除两者之间属于特定关系人以及具有职务上的隶属、制约关系等；

三是被调查人是否及如何为请托人向其他国家工作人员提出请托事项，该国家工作人员是否及如何办理请托事项，办理结果如何；

四是行贿人或者请托人所谋取的利益是否正当。

（3）书证等证据，除参照普通受贿行为的有关内容进行收集外，还需考虑调取证明其他国家工作人员与行贿人（单位）存在隶属、制约等关系的书证，如有关合同协议、规章制度、审批文件等；证明请托事项内容的书证或电子数据，如电子邮件、短信、微信、聊天记录以及会议记录等；证明请托事项属不正当利益的书证，如法律法规、规范性文件等，如确有难度，也可由主管部门或者专业机构出具书面意见。

四、新型受贿案件的取证要求

在审查调查实践中，除了上述典型的受贿、索贿的情形外，出现许多以其他方式受贿的案件，越来越多地呈现出隐蔽性、复杂性的特点。2007 年最高人民法院、最高人民检察院印发的《关于办理受贿刑事案件适用法律若干问题的意见》规定了新型受贿多种表现形式。这些新型受贿，尽管形式表现各有不同，但本质上是明确的权钱交易性质，符合受贿行为的构成要件。在查办这类案件时，除了收集上述能够证明受贿罪的基本证据外，还应当结合新型受贿的特点，全面、准确收集其他相关证据。

（一）“回扣型”受贿案件

查证被调查人在经济往来中，违反国家规定，收受各种名义回扣、手续费，归个人所有的，一般应当收集以下基本证据：

（1）被调查人陈述、供述和辩解，除参照普通“收受型”受贿行为的有关内容外，还应重点查明被调查人与行贿人之间存在的经济往来关系，主要内容有：

一是经济往来中对方单位、人员和参与情况；

二是经济往来中如何收受支付回扣、手续费以及对方支付的理由，明确该回扣、手续费是支付给被调查人还是其所在单位等；

三是被调查人的收受行为，是否违反了相关国家规定。

（2）证人证言，除参照普通“收受型”受贿行为的有关内容外，还应针对行贿方、特定关系人和其他知情人员进行重点收集，主要内容有以下两点。

一是行贿方参与人员的证言：本人的基本情况、单位职务及在经济往来中的职责，与被调查人的关系；个人或者所在单位与被调查人所在单位发生经济往来的具体情况，支付回扣、手续费的依据；向被调查人支付回扣、手续费的时间、地点、经过、原因、方式、数额等；所送财物的对象是否为特定人，不同对象所送数额如何计算，以及资金的来源和相关账务处理等情况；

二是特定关系人、被调查人所在单位主管人员以及其他知情人员的证言：被调查人参与有关经济往来工作的内容和所担任的职务；是否了解被调查人收受回扣、手续费的情况，是否上交入账等；被调查人的收受行为，是否违反了相关国家规定等。

（3）书证，除参照普通“收受型”受贿行为的有关内容外，还应重点收集：

一是证明存在经济往来的合作合同、资金往来的财务会计资料等；

二是证明被调查人职责权限的有关被调查人主管、负责或承办、参与经济往来的项目方案，参与人员名单等；

三是被调查人收受对方所送的回扣、手续费等款项的来源以及证明钱款流转的单位财务凭证，银行凭证、账户交易明细等；

四是证明收受回扣、手续费违反具体国家规定的书证。

（二）“借贷型”受贿案件

被调查人以借款名义收受财物的，应当重点查明借贷双方平时关系如何、有无经济往来，借款时间，有无正当合理的借款事由，双方家庭财产收入和支出情况，被调查人是否有归还的实际能力、意思表示和实际行为，借款实际用途，未及时归还的原因，出借方是否要求被调查人利用职务便利为其本人或他人谋取利益等情况。

在收集证据过程中，还应按照前述要求重点收集出借人证言，被调查人陈述、供述和辩解，家庭收支情况证明材料，银行账户交易明细以及借条、借据等证据，并结合相关证据重点查清借条、借据签订的时间、原因及真实性等问题，如有必要可对借条、借据上的签字、印文的真伪进行鉴定。

（三）“交易型”受贿案件

被调查人以交易形式收受财物的，应当重点查明交易是否与国家工作人员的职务行为存在对价交换关系，是否明显违反等价交换的原则，是否仅以象征性交易来掩盖背后权钱交易的本质，包括向行贿人低价购买、高价出租出售、以旧换新、以小换大、以次换好等类型交易，如存在明显违背市场交易规律，行贿人利用国家工作人员职务行为获取非法利益的，均可认定为受贿犯罪。

在收集证据过程中，还应按照前述要求重点收集行贿人证言，被调查人陈述、供述和辩解，买卖合同，付款凭证，银行账户交易明细，权属登记信息，价格认定结论书等证据，并结合相关证据重点查清交易时间，当时交易对象的市场价格，实际支付价格以及权属登记实际变化等情况。特别是在确定实际支付价格与市场交易价格的差额（受贿数额）时，还要重点查明市场交易价格中存在的最低优惠价格，需要注意查清是否存在各种正常商业优惠条件或优惠价格，不同管理层级拥有的不同优惠权限（包括行贿人所能给予的正常优惠幅度）；被调查人所获优惠价格是否属于针对正常群体范围和通常的商业惯例，以及有无先例和原因等。“交易型”受贿案件的既遂认定上，基于当事人提前实际交付以规避调查的可能性，既遂的达成并非以贿赂物品权属关系的登记变动为依据，而应当以同时满足贿赂款项支付与贿赂物品交付这两项条件作为依据。

（四）“干股型”受贿案件

被调查人以干股形式收受财物的，应当重点查明被调查人收受干股的形式，对公司有无实际投资，占有干股后实际享有的是对应的股份价值还是分红权，该公司股份有无实际资本价值以及是否实际参与公司的经营、承担经营风险和相关法律责任等情况。

在收集证据过程中，还应按照前述要求重点收集行贿人证言，被调查人陈述、供述和辩解，相关公司的章程、股东名册，股权转让合同、交易凭证、持股凭证，公司财务账簿，分红记录，相关银行账户交易明细等证据，并结合相关证据重点查清股份转让过户的生效时间，进而确定转让时相应股份对应的公司资产价值，如有必要可进行司法会计鉴定。如股份没有发生转让登记的，应当围绕被调查人能否实际控制该股份的事实进行调查取证，如存在他人代持股份的情况，应当向代持股份的证人核实有关情况。“干股型”受贿案件的既遂认定上，应当区分股份实际转让和股份未实际转让这两种情况。前者以被调查人实际持有股份时认定既遂，后者以股份提取、变现时认定既遂。

（五）“投资型”受贿案件

被调查人以开办公司等合作投资名义收受财物的，应当重点查明被调查人是否实际出资，实际出资比例与收益比例是否相当，是否存在行贿人垫资的情况，有无获取明显高于应得收益的“利润”；双方是否约定共担风险、共负盈亏并依约履行，被调查人是否参与公司实际经营并实施约定的经营管理行为等情况。

在收集证据过程中，还应按照前述要求重点收集行贿人证言，被调查人陈述、供述和辩解，相关工商登记资料，公司章程、股东名册，公司财务账簿、分红记录以及相关银行账户交易明细等证据，特别是对被调查人以技术、知识或者经营管理出资的，应注意查清被调查人是否假借合作之名而行受贿之实，重点针对以知识、技术、管理经营活动折算货币的价值问题进行查证。如被调查人参与公司实际经营并实施约定的经营管理行为的，需要查明其是否利用职务之便从事经营管理活动。

（六）“理财型”受贿案件

被调查人以委托投资证券、期货或者其他委托理财的名义收受财物的，应当重点围绕被调查人的实际出资及获利情况进行调查，查明被调查人是否真实提供理财资金，行贿人有无将被调查人的出资实际用于投资活动；双方是否就理财亏损风险、盈利分配、手续费用等约定责任，行为人是否不承担亏损风险；未投资或未获利却以“赢利”名义给予收益的，被调查人是否知晓等情况。

在收集证据过程中，还应按照前述要求重点收集行贿人证言，被调查人陈述、供述和辩解，相关理财服务协议、账户开户申请书、交易凭证、银行账户交易明细等证据。特别是在真实出资的情形下，委托理财获取“收益”是否明显高于出资应得收益，应当从绝对数额和相对比例两方面把握；对于双方理财资金混于同一资金账户进行理财操作的，应当按照比例区分对应收益。

（七）“赌博型”受贿案件

被调查人以赌博形式收受财物的，应当重点查明被调查人参与赌博的时间、地点、次数及背景，即其职务行为与参赌人员的利益诉求之间是否存在对应关系；被调查人的赌资是否为参赌人员提供；参赌人员是否事先串通控制赌博结果，使被调查人只赢不输或是输小赢大，且被调查人对此知情等情况。

在收集证据过程中，还应按照前述要求重点收集行贿人证言，被调查人陈述、供述和辩解，相关监控录像，银行账户往来明细，参赌人员证言等证据。特别是对于被调查人参与的由数人共同提供赌资给一人参与赌博，输赢按照比例由全体出资人分担的拼赌场合，要查明被调查人是否实际出资，并按照约定共担风险。

（八）“薪酬型”受贿案件

被调查人以咨询费、顾问费或特定关系人挂名领取薪酬形式收受财物的，应当重点查明被调查人或其特定关系人是否实际从事有关工作或服务；被调查人或特定关系人收取薪酬的具体数额，是否就薪资约定事项提供实质帮助，参与的实际工作与薪酬是否等值，是否明显不成比例；支付薪酬行为与请托谋利事项是否存在对应关系等情况。

在收集证据过程中，还应按照前述要求重点收集行贿人证言，被调查人陈述、供述和辩解，相关薪资发放记录，单位财务账簿，银行账户交易明细，相关公司工作人员证言等证据。对于挂名领薪型受贿行为，应特别注意与不具备权钱交易本质的收取合理劳务报酬的行为相区分，对于被调查人或其特定关系人确系运用个人技术为他人提供服务取得相应报酬的，不应认定为受贿。如被调查人实际从事有关工作或者服务的，需要查明其是否利用职务之便实际从事有关工作或者服务。

（九）其他情况下的受贿案件客观方面取证要点

（1）被调查人收受财物后退还或者上交的，要查明退还上交时间及原因、财物具体情况，收受财物时在客观上是否存在不得已的情形，以及退还上交后财物用途等情况。一般应当收集扣押、发还清单、接收财物人员证言、被调查人陈述、供述和辩解等证据，查清被调查人是否因自身或者与其受贿有关联的人、事被查处，为掩饰犯罪而退还或上交财物。

(2) 被调查人辩称其收受的财物性质为人情往来的，应当由被调查人提供其给予行贿人财物的证据，并查明双方相互给予财物的时间、地点及数额，行受贿双方关系，是否超出正常人情往来数额等情况。应当充分结合被调查人主观故意、收受财物价值、行贿人是否有请托事项、被调查人是否为行贿人谋取利益、给予和收受财物是否具有隐蔽性等因素综合判断。

(3) 国家工作人员的近亲属及其他关系密切的人，或离职的国家工作人员及其近亲属或其他关系密切的人，实施索取或收受贿赂行为的，除按照普通受贿行为、斡旋受贿行为收集有关证据外，如受贿人是其他关系密切的人，还应重点查明行为人与国家工作人员的交往情况及个人关系，是否存在共同利益关系（主要是共同经济利益关系），该国家工作人员的离职情况等。

(4) 单位受贿的，除按照普通受贿行为收集有关证据外，还应重点查明受贿行为是否经单位集体决策，是单位意志还是个人意志，受贿所得是否归单位集体所有，应当重点收集单位决策时的有关领导和责任人的批示要求、会议记录、参与决策人员的证言，以及证明受贿财物归属的财务凭证、银行账户往来明细等证据。

五、受贿罪主观方面证据的取证要求

根据《刑法》中责任原则的要求，认定犯罪必须要求行为人对其实施的客观违法行为具有责任，具体到受贿犯罪中，就要求在调查中能够建立起被调查人主观具有故意的完整证据链条。一般而言，受贿罪的客观行为诸如利用职务上的便利、为他人谋取利益、索取或收受他人财物等都属于积极的作为，行为人实施了相应的客观行为，就能够判断出其主观认识到这些行为的性质、后果，且对这些行为持希望的态度。所以，前述证明受贿罪客观方面的证据，都能够用作推断行为人主观认识到受贿行为且积极追求受贿结果的证据材料。除前述客观方面的证据外，还要重点针对被调查人能否认识到他人交付的财物与自己职务行为的对应性等情况，收集、提取相关证人证言，行贿人证言，被调查人陈述、供述和辩解等言词证据，同时注重收集资金往来情况、通讯录音、聊天记录等客观证据加以印证。

（一）被调查人陈述、供述和辩解

其主要包括：

（1）有无预谋策划及具体内容。

（2）是否明知他人有具体请托事项。

（3）具体请托的事项，以及具体谋取利益的内容，是否属于不正当利益。

（4）对请托事项是否有明示或者暗示的承诺行为。

（5）行贿人主动给予还是被调查人索取财物。

（6）是否明知其索取、收受的对象是具有上下级关系的下属或者具有行政管理关系的被管理人员，并可能影响职权行使。

（7）对收受财物行为与谋取利益行为之间存在对应关系是否有明确认识。

（8）如系被调查人的特定关系人收受财物，其本人是否知情，以及知情后是否提出退还或上交。

（9）对受贿数额是否明知或者概括知情，以及知情的途径。

（10）在职时为请托人谋取利益，离职后收受贿赂的，被调查人在职时与行贿人对收受财物是否有约定，以及约定的内容。

（11）共同受贿的，需要查明共谋的内容，包括策划、分工的情况，以及被调查人是否明知受贿财物的去向及占有受贿财物的情况。

（12）收受财物的用途及去向。

（二）证人证言

主要有行贿人和参与人、经办人、特定关系人等相关知情人的证言，包括：

（1）行贿动机和目的，请托的具体事项。

（2）有无预谋策划行贿及预谋策划的具体内容。

（3）如何向被调查人提出请托和具体请托的事项，以及具体谋取利益的内容和性质。

（4）是否将行贿的数额直接或者间接告知被调查人以及被调查人知情后的态度和行为；因勒索而给予财物的，应当查明是否获得了不正当利益。

（5）行贿行为与被调查人谋利行为之间是否存在因果关系。

（6）实际受益人获得利益的过程和结果。

（7）行贿财物的来源。

对斡旋受贿中的其他国家工作人员，还应收集利用职权为行贿人谋利的过程的相关证据。

（三）书证、电子数据等其他证据

其主要包括被调查人和行贿人等证人的日记、短信、微信、电子邮件以及通话清单、聊天记录等。

共同犯罪的，要查明共同犯罪中犯意提起、决策分工的时间、地点及内容，各涉案人员实施犯罪时所起的作用、分赃数额等情况，应当收集录音，聊天记录，证人证言，行贿人证言，被调查人陈述、供述和辩解等证据，并查清财务凭证、银行账户往来明细等客观证据能否反映共同实施受贿行为的内容。

有证据证明被调查人的特定关系人索取、收受他人财物的，应当查清现有证据能否证明被调查人知情，并查明被调查人知情后是否退还或上交。

被调查人与特定关系人通谋，共同实施受贿行为的，应当收集被调查人陈述、供述和辩解，特定关系人的证言等证据，查明通谋的时间、地点、方式以及形成何种内容的共同受贿故意；特定关系人以外的其他非国家工作人员与被调查人通谋的，还应当查明非国家工作人员与国家工作人员对收受的财物是否共同占有。

被调查人在职时为行贿人谋利，离职后收受财物的，要查明被调查人在为行贿人谋利前后，与行贿人是否对收受财物达成合意，是否在离职前后连续收受财物，一般应当收集证明达成合意及实际收受财物的时间、地点、方式等情况的行贿人证言，被调查人陈述、供述和辩解等证据。

第二节　贪污案件的构成要件和取证要点

一、贪污罪的概念及犯罪构成

根据《刑法》的相关规定，贪污罪是指国家工作人员利用职务上的便利，侵吞、窃取、骗取或者以其他手段非法占有公共财物的行为。受国家机关、国有公司、企业、事业单位、人民团体委托管理、经营国有财产的人员，利用职务上的便利，侵吞、窃取、骗取或者以其他手段非法占有国有财物的，以贪污论处。与前述人员勾结，伙同贪污的，以共犯论处。

（一）贪污罪的主体

贪污罪的主体为特殊主体，包括两大类：一类是国家工作人员；另一类是受国家机关、国有公司、企业、事业单位、人民团体委托管理、经营国有财产的人员。

根据《刑法》和《刑事诉讼法》的相关规定，“受委托管理、经营国有财产”，是指因承包、租赁、临时聘用等管理、经营国有财产。受国有单位委托管理、经营国有财产的人员，主要是指以承包、租赁等方式，管理、经营国有公司、企业，或者其中的某个车间、工程队、门市部等，以承包人、租赁人的身份等，在承包、租赁合同约定的时间、权限范围内，管理、经营国有财产的人员。这部分人侵吞、窃取、骗取承包、租赁企业的财产，构成贪污罪，非法占有的只能是“国有财物”。把握受委托管理、经营国有资产人员的范围，注意四个条件：一是行为人系受委托管理、经营国有财产，即具有管理、经营国有财产的合法职权，具有对国有财产的处分权；二是受国家机关、国有公司、企业、事业单位、人民团体委托；三是委托的内容是承包、租赁、临时聘用等；四是侵占的财产须为国有财产。

（二）贪污罪的主观方面

贪污罪的主观方面由故意构成，以非法占有公共财物为目的。故意内容为明知自己的行为侵犯了职务行为的廉洁性，会发生侵害公共财产的结果，却希望或者放任这种结果的发生。

（三）贪污罪的客观方面

贪污罪的客观行为表现是国家工作人员利用职务上的便利，侵吞、窃取、骗取或者以其他手段，非法占有公共财物。根据《刑法》的有关规定，贪污行为可分为以下几种情况：一是国家工作人员利用职务上的便利，侵吞、窃取、骗取或者以其他手段非法占有公共财物的行为；二是受国家机关、国有公司、企业、事业单位、人民团体委托管理、经营国有财产的人员，利用职务上的便利，侵吞、窃取、骗取或者以其他手段非法占有国有财物的行为；三是国家工作人员在国内公务活动或者对外交往中接受礼物，依照国家规定应当交公而不交公，数额较大的行为；四是国有保险公司的工作人员和国有保险公司委派到非国有保险公司从事公务的人员利用职务上的便利，故意编造未曾发生的保险事故进行虚假理赔，骗取保险金归自己所有的行为；五是国有公司、企业或者其他国有单位中从事公务的人员和国有公司、企业或者其他国有单位委派到非国有公司、企业以及其他非国有单位从事公务的人员，利用职务上的便利，将本单位财物非法占为己有的行为。

1. 利用职务上的便利

利用职务上的便利是贪污行为成立的前提条件。这里的“利用职务上的便利”，指利用本人职务范围内主管、管理、经手公共财物，调拨、支配、转移、使用或者以其他方式支配公共财物的职权。既指一般意义上的部门负责人主管，又包括上级领导依职责分工的分管，也包括“一把手”抓全面工作的统管，还包括领导层中非主管领导由于工作协作分工而对公共财物职能部门的协管。“管理”，是指具有监守或者保管公共财物的职权。既包括国家工作人员依职务对公共财物的管理，还包括受国家机关、国有公司、企业、事业单位、人民团体委托对国有财物的管理和经营。“经手”，是指具有领取、支出等经办公共财物流转事务的权限，经手人虽然不负责公共财物的管理和处置，但对公共财物具有临时的控制权。

利用职务上的便利，实践中需要把握以下几点：

一是职务上的便利不是工作便利或身份便利。利用职务上的便利，既包括利用本人职务上的主管、管理公共财物的职务便利，也包括利用职务上有隶属、制约关系的其他国家工作人员的职务便利。无论哪种情况，行为人利用的必须是与职务相关的便利。实践中，对于利用与职务无关仅因工作关系熟悉作案环境或易于接近作案目标、凭工作人员身份容易进入某些单位等方便条件非法占有公共财物的，不能认为是利用职务上的便利。如国有单位中业务部门的工作人员，因为熟悉财务部门的情况，在休息时间潜入财务部门实施盗窃行为，就不属于利用职务上的便利。

二是国家工作人员的职务行为必须在形式上合法或取得授权。国家工作人员利用职务便利或职务行为贪污公共财物，其职务行为应当是形式上合法或者取得授权的。国家工作人员隐瞒组织，个人擅自利用职权的行为不能算作利用职务上的便利。如其他国家工作人员假借税务稽查工作人员名义，私自向企业收税并非法占为己有的行为，可能构成诈骗、招摇撞骗等犯罪，而不能认定为利用职务上的便利，不能认定构成贪污罪。需要指出的是，国家工作人员采用欺骗手段取得国家工作人员职务，并利用该职务实施侵占公共财物犯罪的，可以视为利用职务上的便利。另外，行为人通过伪造国家机关公文、证件担任国家工作人员职务以后，又利用职务上的便利实施侵占本单位财物、收受贿赂、挪用本单位资金等行为，构成犯罪的，应当分别以伪造国家机关公文、证件罪和相应的贪污罪、受贿罪、挪用公款罪等追究刑事责任，实行数罪并罚。

2. 侵吞、窃取、骗取或者以其他手段非法占有公共财物

侵吞是指利用职务上的便利，采取涂改账目、收入不记账等手段，将自己依照职权管理、经手的公共财物非法占为己有。

窃取是指利用职务上的便利，采取监守自盗的方法，将自己依职务保管占有或与他人共同保管的公共财物非法占为己有。

骗取是指利用职务上的便利，采用虚构事实或者隐瞒真相的方法，将公共财物非法占为己有。采取欺骗手段的情况下，行为人本人往往不具有处分财物的权限，必须欺骗具有财物处分权的人使其处分财物，最终财物被行为人非法占有。

其他手段，主要指采取侵吞、窃取、欺骗以外的其他利用职务之便的手段，非法占有公共财物。比如，先“挪用”或“借用”公共财物，后携财物逃跑，将公共财物占为己有。携带挪用公款潜逃的，以贪污罪定罪处罚。此外，国家工作人员在国内公务活动或者在对外交往中接受礼物，依照规定应当交公而不交公的，也是一种贪污的特殊手段。

3. 非法占有公共财物

非法占有公共财物，一般指本人非法占有，也包括使

特定关系人等关系密切的人非法占有；不仅包括对公共财物进行事实上的占有，如将公共财物转移到自己家中，也包括法律上的处分，如将公共财物变卖。

（四）贪污罪的客体

贪污罪侵犯的客体是国家工作人员职务行为的廉洁性和公共财产的所有权。

贪污罪的犯罪对象一般情况下是公共财物。根据《刑法》有关规定，主要包括：一是国有财产；二是劳动群众集体所有的财产；三是用于扶贫和其他公益事业的社会捐助或者专项基金的财产。在国家机关、国有公司、企业、集体企业和人民团体管理、使用或者运输中的私人财产，以公共财产论。

需要说明的是，公共财物，既包括合法财产，也包括非法财产，如贪污国家机关受贿的财物，也可构成贪污罪。另外，将贪污款物用于单位公务支出或者社会捐赠的，不影响贪污罪的认定，但量刑时可以酌情考虑。

二、贪污罪主体证据的取证要求

如前所述，贪污罪的主体包括两大类：一类是国家工作人员；另一类是受国家机关、国有公司、企业、事业单位、人民团体委托管理、经营国有财产的人员。对于第一类国家工作人员主体身份和自然人身份证据的收集要求，可参见本章第一节关于受贿罪主体证据取证要求的有关内容。

对于第二类受委托管理、经营国有财产的人员，还应收集、提取相关证据。

（一）证明委托关系的证据

（1）证明委托单位性质的证据，具体内容参见前述关于证明国家机关、国有公司、企业、事业单位、人民团体性质的证据要求。

（2）被调查人所在单位的统一社会信用代码、工商营业执照、工商登记材料、机构的章程、国有资产登记和变动材料等书证。

（3）任命文件、会议纪要、推荐函、承包合同、租赁合同、聘用合同等证实被调查人系受委托管理、经营国有财产的书证。

（4）被调查人关于委托关系的陈述、供述和辩解，委托单位负责人、职能部门主管人员及相关知情人员的证言等。

（5）被调查人代表委托单位对外签订、履行合同及相关事项的授权文件和委托书等。

（二）证明被调查人从事公务的证据

（1）公司章程、会议纪要、被调查人所在单位及委托单位出具的关于其具体职责的证明文件等书证。

（2）国有资产登记、变动表以及其他证实委托标的系国家财产等书证。

三、贪污罪客观方面证据的取证要求

（一）利用职务便利

（1）被调查人利用职务便利实施贪污行为的陈述、供述和辩解。

（2）单位领导人员、职能部门主管人员、组织人事部门主管人员、财务人员、经手人员等的证言，以证实其与被调查人的关系，被调查人的职责范围，以及在犯罪过程中履行职务和利用职务便利的具体情况，如签字报销、签订合同、收受款物等。

（3）被调查人签准的票据、字据、签批的相关文件；公司、企业改制的相关账目、文件、工商登记资料等书证，以证实被调查人实施客观行为时所利用的职务便利。

（4）证实被调查人贪污的签字、印鉴的笔迹鉴定意见。

（5）被调查人所在单位关于某个事项或某项业务的工作流程和工作办法等规范性文件。

（二）犯罪手段

（1）被调查人陈述、供述和辩解，具体内容包括：一是实施贪污行为的时间、地点、次数、数额等。二是实施贪污行为的参与人、经手人。三是实施贪污行为的方法、手段，如侵吞、窃取、欺骗、截留、私分、赠予、隐瞒，涂改账目、收入不入账、用假发票平账、大头小尾发票等，以及编造未曾发生的保险事故，骗取保险金的具体手段等。四是作案工具的来源、数量、特征、下落。五是是否挪用公款后携款潜逃。六是在国家出资企业改制过程中是否通过低估资产、隐瞒债权、虚设债务、虚构产权交易等方式隐匿公司、企业财产，并转为本人持有股份的改制后公司企业所有。此外，还要查明改制后的公司、企业是集体持股还是少数人持股，如果转为职工集体持股的改制后公司、企业所有的，对其直接负责的主管人员和其他直接责任人员，依照私分国有资产罪定罪处罚，如果改制后的公司、企业中只有改制前的公司、企业的管理人员或者少数职工持股，改制前企业的多数职工未持股的，则依照贪污罪定罪处罚。七是在公司、企业改制或者国有资产处置过程中，是否徇私舞弊，将国有资产低价折股或者低价出售给特定关系人持有股份或者本人实际控制的公司、企业，致使国家利益遭受重大损失。八是未将公务活动中获得的或应交公礼物给单位的，被调查人是否交公及何时、何地交公，以及未交公的是否曾打算交公及最终未交公的原因等。

（2）单位领导人员、财务人员、主管人员、经手人员等证人证言，具体包括：一是款物支出的手段、名义，特别是编造未曾发生的保险事故，骗取保险金的具体手段，以及公务活动中获得礼物的名义；二是款物被贪污的时间、特征、数量；三是单位对被贪污财物的财务记账、平账情况；四是被调查人如何对其贪污行为进行隐瞒、欺骗、辩解。

（3）物证、书证，具体包括：一是单位的现金细目账、分类账、库保账、备品账、材料账目及财物的出入库登记材料，交接手续等，特别是相应款物属于单位支出的财务记账、银行账单、用于平账的假发票等；二是被调查人签字或欺骗他人签字批准、冒领单位财物的票据、字据等；三是合同、收据、借条、欠条等，证实被调查人与贪污行为有关的经济往来及收入、支出等情况；四是通过窃取、侵吞等方式贪污单位财物的犯罪现场的指纹、脚印等；五是保险单、保险理赔协议等证明被调查人通过虚假理赔、骗取保险金的书证；六是书信、日记、工作笔记以及其他证实贪污行为的时间、地点及经过等情况的物证、书证；七是公司、企业改制的相关账目、文件、工商登记资料等书证。

（4）鉴定意见，具体包括：一是证实贪污款物次数、手段、价值的司法会计鉴定意见、审计鉴定意见；二是证实被调查人贪污的签字笔迹、印鉴等笔迹鉴定意见；三是证实被贪污物品价值的价格认定结论书；四是证实被调查人遗留的指纹、脚印等痕迹鉴定意见。

（5）现场勘验检查笔录、照片，包括窃取、侵吞等现场、犯罪工作准备、丢弃的现场、提取物证现场等。

（6）视听资料、电子数据，包括犯罪现场的监控录像、其他录音录像资料、各类存储数据等。

（三）非法占有公共财物

（1）被调查人陈述、供述和辩解，具体包括：一是被贪污财物的来源，含本单位账内财物，或者小金库财物，或者截留单位应收款及何种应收款，或者救灾、防汛、防疫、优抚、扶贫、移民、救济款物、赃款赃物、罚没款物、暂扣款物等，或者在国内公务活动或对外交往中收受的礼物；二是被贪污财物的形式，如现金、支票、有价证券、实物等，以及现金币种，或者实物的特征、外部形态、种类、颜色、数量、包装方式、包装材质等；三是被贪污款项和实物的去向、用途，如用于储蓄、奢侈消费、经营活动，或者是赌博、走私等非法活动；四是被贪污财物的归还情况，案发前是否归还，何时、如何归还，是否有见证人、知情人，是否有归还入账凭证，是全部归还还是部分归还，是归还财物原物本金还是包括孳息，是归还原物还是折抵成人民币，是主动归还还是被追缴；五是挪用公款后携款潜逃，是携全部款项潜逃还是携部分款项潜逃。

（2）单位领导人员、财务人员、主管人员、经手人员等证人的证言，具体包括：款物来源、归属，特别是公务活动中获得礼物等；单位对被贪污财物的财务记账、平账情况；企业改制过程中，公共财物的移交、管理等情况；案发后，向被调查人核实、了解被贪污财物去向的情况以及被调查人隐瞒不报、编造借口等情况。

（3）物证、书证，具体包括：查获的赃款、赃物及被调查人用贪污的款项购买的物品及消费记录、消费凭证、购物票据；股票、债券、汇票、支票、存折等有价证券，银行存取款记录、消费记录等，以及其他证实被贪污公共财物的数额、种类及其去向等的物证、书证；被贪污的单位无形财产，如设计图纸、计算机软件等科研成果，专利、商标等知识产权证书、申请书等；单位的现金细目账、分类账、库保账、备品账及财物的出入库登记材料、交接手续等，特别是相应款物属于单位支出的财务记账、银行账单、用于平账的假发票等；土地使用证书、合同书、付款方的支出凭单、银行票据以及其他证明被贪污的款物属于单位所有或管理、使用的物证、书证；有关单位出具的关于被贪污的公款是否系救灾、抢险等特定款物的说明等；证明被调查人与贪污行为有关的经济往来及收入、支出等情况的合同、收据、借条、欠条等；证明被调查人所侵吞公共财物去向的银行存取款记录、消费记录、转账记录等；查获的赃款、赃物及被调查人用贪污的款项购买的物品，股票、债券、汇票、支票、存折等有价证券等。

（4）鉴定意见，包括证实被贪污物品价值的司法会计鉴定意见、审计鉴定意见、价格认定结论书等。

（5）其他证明材料，包括证明起获赃款地点、数量以及起获途径的退赃笔录、起赃笔录、收缴笔录、搜查笔录及录像、扣押笔录及清单等。

四、贪污罪主观方面证据的取证要求

在贪污犯罪中，证明被调查人的主观故意以及非法占有的主观目的等犯罪主观方面的事项，既要注意收集行为人的陈述、供述和辩解等言词证据，也要注意收集反映行为人主观故意的其他证据，尤其是客观方面的证据，如行为人的犯罪手段、对赃款赃物的处分等证据，应按照主客观相统一的原则，综合运用多种证据，证明行为人系出于贪污的主观故意，以非法占有公共财物为目的实施犯罪行为。

（一）贪污故意

（1）被调查人陈述、供述和辩解，具体包括：一是贪污的动机、目的；二是犯意的过程，有无策划、策划的具体内容；三是共同犯罪的策划、分工，共谋的时间、地点、内容；四是行为人是否在挪用公款后携款潜逃以及潜逃的原因，查明行为人主观上是否具有非法占有公款的目的，是否符合挪用公款转化为贪污的情形；五是对于编造未曾发生的保险事故进行虚假理赔的情形，查明是否具有骗取保险金的主观故意；六是对于在公务活动或对外交往中接受礼物应交公而未交公的情形，查明是否明知应该交公、是否打算交公、为什么不交公；七是在国家出资企业改制过程中，是否通过低估资产、隐瞒债权、虚设债务、虚构产权交易等方式隐匿公司、企业财产，意图转为个人持股的改制后公司、企业所有；八是在公司、企业改制或者国有资产处置过程中，是否徇私舞弊，故意将国有资产低价折股或者低价出售给特定关系人持股或者个人实际控制的公司、企业，放任国家利益遭受重大损失。

（2）证人证言，具体包括：一是行为人所在单位财务人员、主管人员、经手人员的证言，证实发现犯罪的经过、犯罪的手段，以及行为人对贪污行为隐瞒、欺骗情况，以证明其是否具有贪污的主观故意；二是行为人的近亲属、特定关系人及其他知情人的证言，证实行为人是否具有贪污的主观故意。

（3）书证，具体包括：一是行为人实施贪污行为过程中形成的能够证明其主观故意的书证，如虚假发票、伪造的账目、虚构的合同等；二是能够反映行为人主观故意的其他书证，如行为人的日记、书信、工作笔记等。

（4）物证及其他证据，包括证明行为人将公共财物非法占有或者处置形成的物证及其他相应的照片、录像、视听资料等，如遗弃和隐藏的用于转移公共财物的包装物、窃取公共财物的监控录像等。

（二）非法占有公共财物的目的

（1）被调查人陈述、供述和辩解，具体包括实施贪污行为的目的；实施贪污行为后赃款赃物的去向和用途；共同贪污中，贪污行为的目的，以及共同贪污赃款赃物的去向和用途；在挪用公款转化为贪污的情形中，挪用公款后是否携款潜逃以及潜逃的原因；对于编造未曾发生的保险事故进行虚假理赔的情形，是否具有以骗取手段非法占有保险金的故意；对于在公务活动或者对外交往中接受应交公而未交公的情形，是否明知应交公而不交公，意图非法占有该财物；在国家出资企业改制过程中，是否通过低估资产、隐瞒债权、虚设债务、虚构产权交易等方式隐匿公司、企业财产，意图转为个人持股的改制后公司、企业所有，以达到个人非法占有的目的；在公司、企业改制或者国有资产处置过程中，是否徇私舞弊，故意将国有资产低价折股或者低价出售给特定关系人持股或者个人实际控制的公司、企业，以达到个人非法占有的目的。

（2）证人证言，具体包括：行为人所在单位的财务人员、主管人员、经手人员的证言，证实犯罪的手段，以及行为人对贪污行为隐瞒、欺骗的情况，以证明其非法占有的目的；行为人近亲属、特定关系人及其他知情人的证言，证实行为人非法占有公共财物的主观目的。

（3）书证，主要是行为人实施贪污行为过程中形成的能够证明其非法占有目的的书证，如虚假发票、伪造的账目、虚构的合同及转移和使用公共财物的相关书证。

（4）物证及其他证据，主要是证明行为人将公共财物非法占有或者处置形成的物证及其他相应的照片、录像、视听资料等。

第三节　巨额财产来源不明案件的构成要件和取证要点

在贪腐类案件中，很多都存在巨额财产来源不明的情况。审查调查实践中，对于被调查人所有贪污贿赂问题都查清楚是不符合实际的，也不符合客观认识规律，对于一些明显超出家庭合法收入的巨额财产的情况，本人和家庭成员又不能说明其合法来源的，可考虑适用巨额财产来源不明罪的方向进行调查。

一、巨额财产来源不明罪的概念及犯罪构成

巨额财产来源不明罪，是指国家工作人员的财产、支出明显超过合法收入，差额巨大，经责令说明来源但不能说清楚的行为。

（一）巨额财产来源不明罪的主体

巨额财产来源不明罪的主体是特殊主体，即国家工作人员。这里需要注意，作为巨额财产来源不明罪主体的国家工作人员必须是在任的国家工作人员，国家工作人员退休或者辞职后，调查中发现其有来源不明的财产，行为人不能说明来源的，由于其已不具有国家工作人员身份，不能以该罪论处。另外，还有一种情况值得注意，如果夫妻双方均为国家工作人员，家庭财产明显超过合法收入，差额巨大时，调查机关责令双方说明来源，而双方均不能说明来源的，虽然理论上可以认定双方都构成该罪，但在实践中，往往要考虑双方职务、职权的特点，确定更有可能的一方来认定该罪，避免同时追究二人或者多人的刑事责任。

（二）巨额财产来源不明罪的主观方面

巨额财产来源不明罪的主观方面是故意，即行为人明知自己的财产、支出明显超过合法收入，明知有说明义务，却不能说明或者拒不说明。

（三）巨额财产来源不明罪的客观方面

巨额财产来源不明罪是不作为犯罪。财产、支出明显超过合法收入只是成立该罪的前提条件，国家工作人员未履行如实说明义务才是该罪的实行行为。如果行为人说明了巨额财产系贪污、受贿等犯罪所得且查证属实，则相应的犯罪成立；如果行为人说明了巨额财产来源合法且查证属实，则犯罪不成立。只有行为人不能说明来源时，该罪才成立。

巨额财产来源不明罪包括两个特征：

一是行为人拥有的财产或者支出明显超过合法收入且差额巨大。如何把握财产、支出明显超过合法收入？根据《刑事诉讼法》的相关规定，财产、支出超过合法收入的部分，是指行为人的全部财产与能够认定的所有支出的总和减去能够证实的有真实来源的所得。另外，什么是差额巨大？根据《刑法》和《刑事诉讼法》的相关规定，涉嫌巨额财产来源不明，数额在30万元以上的，为差额巨大。

二是行为人经调查并责令说明来源时，不能说明。根据《刑法》和《刑事诉讼法》的相关规定，“不能说明”包括：行为人拒不说明财产来源；行为人无法说明财产的具体来源；行为人所说的财产来源经调查机关或司法机关查证并不属实；行为人所说的财产来源因线索不具体等原因，调查机关或司法机关无法查实，但能排除存在来源合法的可能性和合理性。

二、巨额财产来源不明罪主体证据的取证要求

巨额财产来源不明罪的主体是特殊主体，即国家工作人员，且是在任的国家工作人员。关于巨额财产来源不明罪中主体身份和自然人身份的证据收集要求，可参见本章关于受贿罪主体证据取证要求的有关内容。

三、巨额财产来源不明罪客观方面证据的取证要求

（一）被调查人陈述、供述和辩解

（1）被调查人实际拥有的财产情况，包括被调查人及家庭成员共同拥有的住房、交通工具、股票债券、债权、投资钱款及收益、存款、现金、首饰、贵重金属、玉石字画等动产和不动产。

（2）被调查人及家属成员的支出情况。

（3）被调查人合法收入情况，包括本人工资、奖金和津贴收入，稿酬、出版书籍收入，投资理财、银行利息收入，本人依法继承、被赠予财产，出售房产获取的差价收入，共同生活的家庭成员收入情况以及其他正当来源的财产等。

（4）被调查人违纪违法所得等财产来源情况，包括

收受礼金和高档礼品等违纪违法所得，将违纪违法所得进行投资获取的孳息，借贷他人钱款，或者代他人保管的财产。

（5）关于差额财产部分的说明、解释、辩解等。

（二）证人语言

（1）共同生活的家庭成员、亲友、所在单位有关人员等证人证明被调查人财产和支出情况、合法收入及其他财产来源的陈述。

（2）能够证明被调查人关于差额财产部分的说明、解释、辩解等是否属实的证言。

（三）书证、物证

（1）查封、扣押、冻结的财产清单、手续、实物、银行存单、借条、股票、债券等有价票证等。

（2）单位证明材料，证实被调查人工资、奖金及其他收入情况，被调查人的工资、奖金等合法收入表，其他合法收入来源的书证。

（3）银行对账单、支取账单以及其他支出情况的书证。

（4）国家统计部门公布或出具的证明被调查人及家庭成员生活居住地居民消费性支出的证明材料等。

（四）鉴定意见

其包括司法会计鉴定意见书、价格认定结论书等。

（五）视听资料、电子数据

其包括录音录像以及电子邮件、QQ 或微信聊天记录等。

（六）其他证据

其包括勘验检查笔录及照片、搜查笔录、扣押笔录、封存笔录、起赃经过说明材料等。

巨额财产来源不明罪的行为方式是不作为犯罪，这就要求在审查调查过程中，注意收集能够有助于查清相关事实的证据，重点包括：被调查人的主体身份；被调查人占有的财产总额；被调查人的支出总额；被调查人能够说明财产来源合法的总额；被调查人不能说明来源的差额财产总额等方面的材料。被调查人仅就“差额财产的来源”负有说明责任。

四、巨额财产来源不明罪主观方面证据的取证要求

（一）被调查人陈述、供述和辩解

（1）其财产、收入和支出的总体情况。

（2）财产、收入、支出的来源。

（二）物证、书证

其包括财产实物、账本、存折，以及《领导干部个人有关事项报告》等，证实其财产、收入和支出的总体情况等。

通过上述证据，证明被调查人故意实施违反国家工作人员财产申报制度，“拒不说明”或“不能说明”其巨额财产来源的行为。其拒不说明的动机，既可能是为了逃避更重的惩罚、处置，也可能是出于个人隐私。

五、区分巨额财产来源不明与主动登记上交违纪所得

国家监察体制改革后，纪检监察机关履行执纪执法两种职能，对党员违纪问题和公职人员职务违法、职务犯罪问题一体审查调查，实现纪法双施双守。在此过程中，纪律和法律方面一些类似概念发生碰撞，容易导致混淆。主动登记上交违纪所得与认定巨额财产来源不明就存在这样的问题。

（一）主动登记上交违纪所得的概念

主动登记上交违纪所得是指被审查党员承认其所持有的特定财物系违纪所得，但因本人回忆不起财物来源或其他原因导致证据不全而难以查清事实，由被审查党员写出书面说明材料并登记上交该部分财物的行为。主动登记上交规定在党的纪律中，其依据主要是中共中央办公厅、国务院办公厅印发的《关于对党和国家机关工作人员在国内交往中收受的礼品实行登记制度的规定》。工作实践中，由于一些被审查党员收受礼品礼金时间长、频次高、

数额多，无法一一还原违纪事实，同时兼顾记忆不清、物品价值难以确定等因素，因此不能作为违纪行为进行认定，但考虑到不能让其在经济上得利，因此由其将此部分财产登记，主动上交。

实践中，应注意主动上交违纪所得与主动登记上交违纪所得的关系。主动上交违纪所得是《党纪处分条例》第 17 条规定的可以从轻或者减轻处分的情形之一，强调退还违纪所得是出于被审查党员的自觉行为，而非在党组织敦促下进行；主动上交的时间既可以在立案之前，也可以在立案之后；既包括主动上交能够认定违纪事实的违纪所得，也包括主动上交不能够认定违纪事实、被审查党员自认属于违纪所得的财物。而主动登记上交违纪所得特指因无法查清违纪事实而登记上交财物的行为，其包含于主动上交违纪所得之中，是主动上交违纪所得的一种特殊方式。

（二）区分把握主动登记上交违纪所得与认定巨额财产来源不明

巨额财产来源不明是在查处贪污、贿赂及挪用公款等职务犯罪过程中，发现被调查人还拥有与其合法收入相差巨大的财产，被调查人拒不说明来源或者说不清楚来源，而又确实查不出其真实来源的，法律规定可以推定差额财产的来源是非法的，从而认定被调查人涉嫌巨额财产来源不明罪。由于是推定，《刑法》规定了较轻的法定刑。

主动登记上交违纪所得和认定巨额财产来源不明都是由于无法查清涉嫌违纪或涉嫌职务犯罪人员所持财产的具体来源而采取的折中方法。两者的不同点主要在于：

一是两者的立法定位不同。主动登记上交违纪所得仅是违犯党纪案件中涉案财物的一种处置方式，其本身既非违纪事实，也不是量纪依据，不会导致被审查党员因持有或上交该财产而受到负面评价；巨额财产来源不明作为《刑法》规定的罪名之一，一旦查实，即为犯罪，且来源不明财产应依法予以追缴。

二是主观方面不同。主动登记上交违纪所得的前提是财产持有人认识到该财产是违纪所得，但讲不清该财产的来源，导致审查人员无法核实、无从认定，财产持有人自愿写出说明，将该财产上交组织，体现的是被审查党员认错悔错的态度；巨额财产来源不明的主观方面是故意，财产持有人明知财产的来源是非法的，但在调查人员责令其说明该财产的来源时却不能说明。

三是两者的证据标准不同。主动登记上交，因其主要反映的是被审查党员自愿上交无法查证的违纪所得，虽不作为违纪事实认定，但须让被审查党员写出主动上交说明，且须对案件基本事实证据进行概括性审查判断，避免被审查人以违纪所得规避其他违法犯罪所得的认定；巨额财产来源不明罪，则需要从该罪的主体、主观方面、客体、客观方面收集确实、充分的证据予以证明，且认定过程中要排除巨额财产来源合法的可能性和合理性。

实践中，纪检监察机关对涉嫌违纪、职务违法和职务犯罪案件一体审查调查，应遵循实事求是原则，既要防止因担心取证烦琐，以主动登记上交违纪所得规避认定巨额财产来源不明罪，导致漏罪；也要防止将所有不能说明来源的财产差额全部认定为巨额财产来源不明罪的数额，与事实相悖，导致刑事打击面过大。

需要注意的是，主动登记上交的前提是该涉案财物已经上交，或者纪检监察机关已经实际控制了相应财物。在涉案财物未进行暂扣、被审查党员只有交代行为而无上交行为的情况下，主动登记上交就处于未完成状态，给被审查党员留下了思想反复的空间。案件处理完毕后，如果上交财物迟迟得不到落实，所谓“主动登记上交”就只有主动登记行为，而无上交结果，主动登记上交就成为一纸空文，会严重影响纪律的严肃性。因此，在涉案财物未进行暂扣的情况下，不宜直接认定主动登记上交，一般应当在案件移送审理之前完成上交。

第四节　挪用公款案件的构成要件和取证要点

一、挪用公款罪的概念及犯罪构成

根据《刑法》的相关规定，挪用公款罪是指国家工作人员利用职务上的便利，挪用公款归个人使用，进行非法活动，或者挪用公款数额较大进行营利活动，或者挪用公款数额较大超过 3 个月未还的行为。

（一）挪用公款罪的主体要件

挪用公款罪的主体为特殊主体，即国家工作人员。与贪污罪的主体相比，挪用公款罪不包括受国家机关、国有公司、企业、事业单位、人民团体委托管理、经营国有财产的人员。

（二）挪用公款罪的主观方面

挪用公款罪的主观方面由故意构成，即明知自己的行为侵犯了公款的占有权、使用权以及职务行为的廉洁性，仍希望或者放任这种结果的发生。挪用公款的目的包括三种情况：一是归个人使用；二是进行非法活动；三是进行营利活动。挪用公款罪在主观方面是挪用的故意，即准备以后归还，不打算永久占有；如果是以非法占有为目的，则以贪污罪论处。这也是挪用公款罪与贪污罪的根本区别。

审查调查实践中，存在被调查人开始使用公款，后转化为非法占有的情况，即由挪用公款罪向贪污罪转化的情况。根据《刑法》和《刑事诉讼法》的相关规定，挪用公款罪与贪污罪的主要区别在于行为人主观上是否具有非法占有公款的目的。挪用公款是否转化为贪污，应当按照主客观相一致的原则，具体判断和认定行为人主观上是否具有非法占有公款的目的。在审查调查实践中，具有以下情形的可以认定行为人具有非法占有的目的：第一，携带挪用的公款潜逃的，对携带挪用的公款部分，以贪污罪定罪；第二，行为人挪用公款后采取虚假发票平账、销毁有关账目等手段，使所挪用的公款已难以在单位财务账目上反映出来，且没有归还行为的；第三，行为人截留单位收入不入账、非法占有，使所占有的公款难以在单位财务账目上反映出来，且没有归还行为的；第四，有证据证明行为人有能力归还挪用的公款而拒不归还，并隐瞒挪用公款去向的。

（三）挪用公款罪的客观方面

挪用公款罪的客观行为表现是国家工作人员利用职务上的便利，挪用公款归个人使用，进行非法活动，或者挪用公款数额较大、进行营利活动的，或者挪用公款数额较大、超过3个月未归还的行为。同时，法律规定，挪用用于救灾、抢险、防汛、优抚、扶贫、移民、救济款物归个人使用的，从重处罚。从以上法律规定可以看出，挪用公款罪的客观方面主要包括几个要素：第一，利用职务上的便利；第二，挪用的对象是公款；第三，挪用后归个人使用；第四，挪用后进行非法活动，或者挪用数额较大进行营利活动，或者挪用数额较大超过3个月未还。

1. 利用职务上的便利

利用职务上的便利是挪用公款行为成立的前提条件。挪用公款罪中“利用职务的便利”的含义与贪污罪中的大体相同。挪用公款罪行为人利用职务上的便利，是行为人利用了本人职务范围内，管理、经手使用公款形成的便利条件，未经合法批准或者违反财经纪律，擅自使公款脱离单位控制。如果没有利用职务上的便利，而是采取伪造手续、编造理由等手段骗取合法批准手续的，这种行为不构成挪用公款罪，应该适用其他罪名。根据《刑法》和《刑事诉讼法》的相关规定，国有单位领导人员利用职务上的便利，指令具有法人资格的下级单位将公款供个人使用的，属于挪用公款的行为，构成犯罪的，应以挪用公款罪定罪处罚。

2. 挪用公款归个人使用

挪用公款罪的实质是“公款私用”，现实中存在大量以“公用”为外衣或借口来掩盖实际上“私用”目的的情况。根据《刑法》和《刑事诉讼法》的相关规定，“归个人使用”的情形主要包括：第一，将公款供本人、亲友或者其他自然人使用的；第二，以个人名义将公款供其他单位使用的；第三，个人决定以单位名义将公款供其他单位使用，谋取个人利益的。

3. 挪用公款的用途，即进行非法活动、数额较大进行营利活动、数额较大超过 3 个月未还

第一，“非法活动型”挪用公款。这种情况，只要行为人挪用公款归个人使用，进行非法活动，无论挪用公款的数额多少、时间长短、是否归还，只要达到起刑点，即构成挪用公款罪。“非法活动”，如赌博、走私等，既包括犯罪活动，也包括其他违法活动。目前，根据《刑法》及相关规定，具有该种情形，数额在 3 万元以上的，应当以挪用公款罪追究刑事责任。

第二，“营利活动型”挪用公款。这里的“营利活动”指的是在法律范围内从事的谋取利润的活动，既包括工商业经营谋利活动，也包括非经营性的投资理财活动，如购买股票、国债、银行理财等财产性和资本性收益活动。“数额较大”，根据《刑法》及相关规定，具有该种情形，数额在 5 万元以上的，应当认定为数额较大。

第三，“超期未还型”挪用公款。这种情况既有数额

的限制（具体数额同“营利活动型”挪用公款），又有期限的限制，明确超过3个月仍未归还。审查调查实践中，“超过三个月未还”应理解为到案发前挪用公款的时间超过了3个月，即便行为人在案发前已经归还，但其挪用的时间超过3个月的，也不影响构成挪用公款罪。案发前归还的情形，可以作为量刑情节，从轻或者减轻处罚，但不影响定罪。

（四）挪用公款罪的客体

挪用公款罪侵犯的客体是公款的占有权、使用权以及国家工作人员职务行为的廉洁性。

二、挪用公款罪主体证据的取证要求

挪用公款罪的主体为国家工作人员，国家工作人员主体身份和自然人身份证据的收集要求，可参见本章关于受贿罪主体证据取证要求的有关内容。

三、挪用公款罪客观方面证据的取证要求

（一）被调查人陈述、供述和辩解

审查调查实践中，需要重点把握以下要素，以证实被调查人明知违反单位资金管理、使用的规章制度，而将本单位公款擅自使用的事实。

（1）被调查人关于犯罪经过，实施挪用行为的时间、

地点、次数、数额，是否有参与人、经手人，方法、手段，以及利用职务便利的具体过程等。

（2）挪用公款以及公款的形式，是现金、支票，还是有价证券以及特征等。

（3）被挪用公款的来源，是单位的账内资金，还是“小金库”款项。

（4）有无其他参与人，是否有共同犯罪的起意、策划、分工、实施等情况，每一个行为人在共同犯罪中的地位和作用，以及挪用行为是否利用了国家工作人员的职务便利。

（5）挪用公款借给他人使用的，其与使用人的关系，以及是否因出借被挪用公款而获得利益、好处，如财物、账外回扣、手续费等。

（6）挪用行为是否被发现及何时、如何被发现，被调查人如何排除单位领导、同事的怀疑。

（7）挪用公款的去向、用途，注意区分是用于非法活动、营利活动，还是个人一般使用。特别是将被挪用公款借给他人使用的，是否明知使用人的真实用途，从而确认被调查人挪用公款的类型。

（8）在公司、企业改制或者国有资产处置过程中，是否徇私舞弊，是否为购买公司、企业股份和国有资产，利用职务上的便利，将公司、企业的资金或者金融凭证、有价证券等用于个人贷款担保。

(9) 挪用款在案发前是否归还，何时、如何归还，是全部归还还是部分归还，是主动归还还是因被调查而归还。

(10) 是否存在携带挪用公款潜逃的情况。共同犯罪的，是个别人潜逃还是共同潜逃。

（二）证人证言

(1) 被挪用公款使用人的证言，以证实资金使用的具体情况。包括使用人与被调查人的关系；是否因使用被挪用公款而给被调查人利益、好处，如财物、账外回扣、手续费等；是否教唆、指使被调查人挪用本单位的公款；使用被挪用公款的时间、数量、具体用途等；被调查人是否明知使用人使用本单位公款的用途，从而确认被调查人挪用本单位公款的类型；使用被挪用公款是否打算归还、是否归还及归还的时间、数额以及使用的目的是使用还是占有。

(2) 单位领导人员、职能部门主管人员、组织人事部门主管人员、财务人员、经手人员等的证言，以证实单位公款被挪用的情况。包括其与被调查人的关系及经济往来的情况；被调查人的职责范围，以及在犯罪过程中履行职务和利用职务便利的具体情况；公款被挪用的时间、数量、手段、理由、经过；公款的来源、单位对款项的财物记账、平账情况、银行记录等；发现单位公款被挪用的具体经过；被调查人如何对其挪用行为进行隐瞒、欺骗、辩解；被挪用的公款是否归还及归还的时间、数量；等等。

（三）物证、书证

（1）查获的赃款及被调查人使用公款购买的物品。

（2）书信、日记等，能够证实被调查人实施挪用行为的时间、地点、经过等情况的材料。

（3）合同、收据、借条、欠条等；能够证实被调查人与挪用公款行为有关的经济往来及收入、支出等情况。

（4）被挪用的股票、债券、汇票、本票、支票等有价证券。

（5）单位的现金细目账、分类账、明细账及记账凭证、原始凭证，库保账、备品账、材料账目及财物的出入库登记材料，交接手续等，特别是相应款物属于单位支出的财务记账、银行账单等，以证实被调查人挪用公款的手段、数额、归还时间等。

（6）查获的被调查人的银行存单、存折、股票资金账户、参股证、购买理财产品或其他投资活动的合同、协议等，以证实被调查人是否用于营利活动。

（7）有关部门出具的证明，证实被挪用公款是否用于非法活动。

（8）相关的购物发票、偿还债务的借据等单据，证实被挪用的公款是否属于归个人使用的情形。

（9）本单位出具的证明材料，证实被调查人具有主管、管理、经手单位公款的职务便利。

（10）公司、企业改制的有关书证，以及其他相关材料。

（四）鉴定意见

（1）证实挪用公款次数、手段、价值的司法会计鉴定意见、审计鉴定意见等。

（2）证实被调查人挪用公款的签字笔迹、印鉴等笔迹鉴定意见。

（五）勘验检查笔录

现场勘验检查笔录、照片，包括提取物证现场等。

（六）视听资料、电子数据

其包括监控录像、其他录音录像资料、各类存储数据等。

四、挪用公款罪主观方面证据的取证要求

（一）被调查人陈述、供述和辩解

（1）挪用公款行为的动机、目的。

（2）犯意的过程，有无策划、策划的具体内容。

（3）共同犯罪的策划、分工，共谋的时间、地点、内容。

（二）证人证言

（1）行为人所在单位财务人员、主管人员、经手人员的证言，证实发现公款被挪用的经过、犯罪的手段，以及被调查人对挪用公款行为的隐瞒、欺骗情况，以证明其是否具有挪用的主观故意。

（2）被挪用公款使用人的证言，主要证实被调查人利用职务上的便利为其提供本单位公款使用，并意图通过非法使用单位公款而获得个人利益的情况。

（3）被调查人的近亲属、特定关系人及其他知情人的证言，证明被调查人是否具有非法占有的主观故意。

（三）书证

（1）能够反映被调查人主观故意，以自己的名义将公款出借给使用人的书证、借据等。

（2）能够反映被调查人对其犯罪后果认知程度和控制能力的材料，如同类犯罪前科证据、个人履历等。

（3）能够反映行为人主观故意的其他书证，如被调查人的日记、书信、工作笔记等。

审查调查中，通过对以上证据的收集、提取，以证明被调查人在主观上必须具有挪用公款的直接故意，即“明知是公款而擅自违反公款管理的制度挪作他用，无视对公款使用权造成侵害这一非法状态”的主观心态。

第五节　行贿案件的构成要件和取证要点

在审查调查工作实践中，行贿与受贿是对合行为，办理国家工作人员受贿案件中，必不可少要对涉案的行贿方进行调查。2021 年 9 月，中央纪委国家监委与中央组织部、中央统战部、中央政法委、最高人民法院、最高人民检察院联合印发了《关于进一步推进受贿行贿一起查的意见》，明确了查处行贿行为的五个重点方面。查处行贿案件，必须注意加强证据收集与提取，在实践中较为常见需要追究刑事责任的行贿案件，主要适用行贿罪和单位行贿罪。

一、行贿罪、单位行贿罪的概念及犯罪构成

根据刑法的相关规定，行贿罪是指为谋取不正当利益，给予国家工作人员财物的行为。单位行贿罪是指单位为谋取不正当利益而行贿，或者违反国家规定，给予国家工作人员回扣、手续费，情节严重的行为。

（一）行贿罪、单位行贿罪的主体

行贿罪的主体为一般主体，但只能是自然人，不能是单位。

单位行贿罪是单位犯罪，犯罪主体只能是单位，包括公司、企业、事业单位、机关、团体等，无论是国有单位

还是非国有单位，均可构成单位行贿罪。

（二）行贿罪、单位行贿罪的主观方面

行贿罪的主观方面为故意，行为人明知自己给予国家工作人员以财物的行为侵害了国家工作人员职务行为的不可收买性，并且希望或者放任这种结果的发生。同时，行为人主观上要有“谋取不正当利益”的目的。谋取不正当利益虽然是一种主观要素，但是利益是否正当要进行客观上的判断。如果客观上属于正当利益，行为人误以为是不正当利益而行贿，不应认定为行为人构成行贿罪。

单位行贿罪的主观方面为故意，且具有谋取不正当利益目的，由于单位行贿罪是单位犯罪，行贿的意志必须是单位意志，而非个人意志。区分单位意志和个人意志主要看两个方面：一是看是否经过单位决定或认可，即通过行贿行为谋取不正当利益，是否经过该单位负责人或决策机构的决定或认可；二是看利益是否归属单位。

（三）行贿罪、单位行贿罪的客观方面

行贿罪的客观方面有两类行为方式：

1. 为谋取不正当利益，给予国家工作人员财物，是最通常的行贿形式，可称为“一般行贿”。其中，谋取不正当利益是主观因素，实现与否不影响行贿罪的构成。实践中，一般行贿又可以分为三种情况：一是为谋取不正当利益，事先主动给予国家工作人员财物；二是

国家工作人员利用职务上的便利为行为人谋取不正当利益之后，为了表示感谢给予国家工作人员财物；三是因国家工作人员索要，为谋取不正当利益，而被动地给予国家工作人员财物。这里需要注意，对行为人因被勒索给予国家工作人员以财物，没有获取不正当利益的，不认定为行贿罪。

2. 在经济往来中，违反国家规定，给予国家工作人员财物，数额较大的，或者违反国家规定，给予国家工作人员各种名义的回扣、手续费的，这种形式可称为“经济行贿”。这种行贿方式，一般也要求具备谋取不正当利益的构成要素。

单位行贿罪的客观方面与行贿罪的客观方面基本一致，是单位为谋取不正当利益而给国家工作人员行贿，或者违反国家规定，给予国家工作人员回扣、手续费的行为，二者的区别主要是主体上的不同。

二、行贿罪、单位行贿罪主体证据的取证要求

1. 行贿罪的主体是自然人，证明自然人身份主体证据的取证要求，参见本书第四章第二节的有关内容。

2. 单位行贿罪的主体是单位，证明单位主体证据的取证要求，参见本书第四章第二节的有关内容。

三、行贿罪、单位行贿罪客观方面证据的取证要求

（一）行贿罪客观方面的证据

1. 被调查人陈述、供述和辩解

（1）被调查人向受贿人提出请托事项的次数、时间、地点、内容、形式，请托事项与受贿人职务的联系。

（2）受贿人是否接受、办理请托事项，如何办理请托事项、办理过程，被调查人获得什么利益，利益及获取利益的方式是否正当。受贿人是否实施违法犯罪活动。行贿人是否向负有食品、药品、安全生产、环境保护等监督管理职责的国家工作人员行贿，严重危害民生、侵犯公众生命财产安全；是否向行政执法机关、司法机关的国家工作人员行贿，影响行政执法和司法公正。

（3）向受贿人送财物的名义、原因、理由、方式、时间、地点、次数、数额，是否被勒索，是否送的是以各种名义的回扣、手续费，所送财物的种类、形式、包装物、数量等要素，所送财物的具体来源，是否来源于非法所得，相关账目的处理情况。

（4）送予财物与谋取利益的进度、程度是否存在关联，送财物时是否有其他人在场或知情，受贿人有无退还财物的意思表示及退还的原因、时间、地点、次数、数额，与受贿人之间是否还存在其他经济往来等情况。

（5）共同犯罪的起意、策划、分工、实施等情况，每一个共同犯罪嫌疑人在共同犯罪中的地位和作用。

2. 证人证言

（1）受贿人证言或陈述、供述和辩解，看是否与被调查人（行贿人）陈述、供述和辩解相吻合，包括与被调查人的关系，具体请托事项，对请托事项的态度，是否办理、如何办理请托事项，如何利用职务上的便利，是否收受财物，收受财物原因、时间、地点、次数、数额，有无索取财物的意思表示，财物的种类、形式、包装物、数量等特征，是否为请托人谋取了利益，谋取何种利益，利益是否正当、谋取利益与收受财物是否存在关联，是否实施违法犯罪活动，受贿人是否为负有食品、药品、安全生产、环境保护等监督管理职责的国家工作人员，严重危害民生、侵犯公众生命财产安全；是否为行政执法机关、司法机关的国家工作人员，影响行政执法和司法公正；收受财物的处理情况，是否退还及退还的原因、时间、地点、次数、数额等情况，有无掩盖犯罪的行为，是否有其他人在场或知情，与被调查人之间是否存在其他经济往来等的陈述。

（2）请托事项经办人证言，包括请托事项的具体内容、是否合法、办理过程和结果，被调查人获取何种利益，利益是否正当，受贿人是否实施违法犯罪活动，是否为负有食品、药品、安全生产、环境保护等监督管理职责的国家工作人员，严重危害民生、侵犯公众生命财产安全；受贿人是否为行政执法机关、司法机关的国家工作人员，影响行政执法和司法公正；受贿人对请托事项的具体要求等情况的陈述。

（3）其他知情人证言，主要是被调查人谋取不正当利益，送予受贿人财物有关情况的陈述。

3. 书证、物证

其主要包括证明被调查人送予财物的有关笔记、日记、信件，送出财物的来源、消费票据、银行转账凭证，受贿人利用职务便利为行贿人谋取不正当利益的批示、文件等，外汇管理部门关于收受外汇时该外汇与人民币之间的汇率表等；起获的赃款赃物及照片等。

4. 鉴定意见

其主要是笔迹鉴定意见书、价格认定结论书等。

5. 视听资料、电子数据

其主要包括证明被调查人谋取不正当利益而送予财物的录音录像以及电子邮件、QQ 或微信聊天记录等。

6. 其他证据

其主要包括勘验检查笔录及照片、搜查笔录、扣押笔录及扣押物品清单、起赃经过等。

（二）单位行贿罪客观方面的证据

除了实施行贿行为、情节等与个人行贿的基本证据要求一样外，还需要从实施单位行贿的单位直接负责的主管人员和其他直接责任人员那里提取其陈述、供述和辩解，重点了解证实是否存在违反国家规定的情形，给予各种名义的回扣、手续费，具体如何办理；单位谋取不正当利益的具体内容及是否获得；为谋取不正当利益与给予财物两者间具有的因果关系；因行贿谋取不正当利益，是否造成直接经济损失，使国家利益遭受重大损失等情况。

四、行贿罪、单位行贿罪主观方面证据的取证要求

1. 被调查人或实施单位行贿的单位直接负责的主管人员和其他直接责任人员的陈述、供述和辩解

证实行贿的动机、目的、时间、地点、受贿人、参与人、经过、结果，谋取的不正当利益内容及是否实现，以及共同犯罪的预谋策划时间、地点、参与人、分工及经过；被调查人明知为谋取不正当利益，决意向国家工作人员行贿，明知自己的行为会发生侵害国家工作人员职务行为的不可收买性的结果，并且希望或放任这一结果发生的情况，以及对此的主观认识和态度等。

2. 证人证言

主要内容同上，并且还要关注单位行贿中单位负责人或决策机构的决定过程及参与决策的人的态度和认识等。

第六节　滥用职权案件的构成要件和取证要点

一、滥用职权罪的概念及犯罪构成

滥用职权罪，是指国家机关工作人员滥用职权，致使公共财产、国家和人民利益遭受重大损失的行为。

（一）滥用职权罪的主体

滥用职权罪的主体是国家机关工作人员。刑法中所称的国家机关工作人员，是指在国家机关中从事公务的人员，包括在各级国家权力机关、行政机关、监察机关、司法机关和军事机关中从事公务的人员。另外，根据有关渎职犯罪主体适用的司法解释，在依照法律、法规规定行使国家行政管理职权的组织中从事公务的人员，或者在受国家机关委托代表国家机关行使职权的组织中从事公务的人员，或者虽未取得国家机关人员编制但在国家机关中从事公务的人员，视为国家机关工作人员。因此，在乡（镇）以上中国共产党机关、人民政协机关中从事公务的人员，也应当视为国家机关工作人员。

（二）滥用职权罪的主观方面

滥用职权罪的主观方面为故意，既包括直接故意，也包括间接故意。主观方面重点看行为人是否对造成公共财产、国家和人民利益的重大损失的发生有所认知，并且是否有希望或者放任其发生的意志。其中，认知的程度达到行为人具有预见的可能性即可。

（三）滥用职权罪的客观方面

滥用职权罪的客观方面表现为国家机关工作人员滥用职权，致使公共财产、国家和人民的利益遭受重大损失。具体包括以下三个方面：

（1）行为人实施了滥用职权的行为。包括两种基本类型：一是滥用职权范围内的权力，即行为人拥有某项职权，但背离自己职务行为的宗旨，不正当行使自己的职权，或者违反法定规则和程序处理公务，或者胡作非为，随心所欲地违法处理公务。二是滥用职权范围外的权力，即违反规定，超越职权，擅自决定、处理无权决定、处理的事项。具体而言，滥用职权行为可能表现为：超越职权，擅自决定处理无权决定、处理的事项；玩弄职权，违反程序规定，随心所欲地对事项作出决定或处理；以权谋私、假公济私，不正确地履行职责；放弃职责，故意不履行职务。

（2）行为人滥用职权的行为致使公共财产、国家和人民利益遭受重大损失。滥用职权罪是结果犯，行为人滥用职权的行为需要造成“公共财产、国家和人民利益遭受重大损失”的危害结果，单纯的滥用职权行为，如果没有造成该危害结果，可以给予党纪政务处分，但不能以滥用职权罪论处。根据刑法的相关规定，重大损失的认定标准为：造成死亡 1 人以上，或者重伤 3 人以上，或者轻伤 9 人以上，或者重伤 2 人、轻伤 3 人以上，或者重伤 1 人、轻伤 6 人以上的；造成经济损失 30 万元以上的；造成恶劣社会影响的；其他致使公共财产、国家和人民利益遭受重大损失的情形。

（3）滥用职权行为和危害结果之间具有因果关系。行为人滥用职权的行为与造成的重大损失结果之间，必须具有刑法上的因果关系，才能对行为人追究刑事责任。实践中，重大损失的产生往往多因一果，主客观原因交织在一起，错综复杂，不易判断。不少情况下，行为人有一定滥用职权行为，但介入了其他人的行为或者客观方面的因素，多种因素共同作用，最终导致重大损失的发生。因此，在认定滥用职权时，一定要注意收集行为人对危害结果的发生是否具有预期的相关证据，进一步查明两者存在的因果关系。

二、滥用职权罪主体证据的取证要求

滥用职权罪的主体为特殊主体，是国家机关工作人员，有关主体身份和自然人身份证据的取证要求，参见前文关于受贿罪中有关国家机关工作人员主体身份证据的有关内容。

三、滥用职权罪客观方面的取证要求

（一）被调查人陈述、供述和辩解

（1）被调查人违法处理公务的行为时间、地点、方式、过程及结果，包括事件发生、事态发展、审批程序、处理结果、处理依据、行政或管理相对人反应，以及损害后果等。

（2）公务活动的共同负责人、参与人、执行人情况及各自意见，公务活动中具体表现和态度等。以“集体研究”形式实施的渎职犯罪，要查清被调查人在中间所起的具体作用，如果是负主要责任，应当按照滥用职权处置；如果只是具体执行人员，应当在综合认定其行为性质、是否提出反对意见、危害结果大小等情节的基础上，决定是否按滥用职权来处置。

（3）依法行使职权的情况下应如何处理公务，包括自身的职权范围、行使职权的程序、接受监督的方式及自身的知识层次、从事公务年限、接受的培训情况等。

（4）是否受到权力干预，干预的人员、授意的内容等具体经过。

（5）与行政或管理相对人的关系，有无收受好处、服务、财物及是否存在其他私情、仇怨，收受的实物、礼金的种类、数量、特征，收受时间、地点、经过、在场人员、赃款赃物去向及接受服务的时间、地点、在场人员等。

（6）是否为本单位、部门谋取了好处，好处的物质形式、种类、数量、特征及接受的时间、地点、经过、去向、在场人、经手人、知情人等。

（7）是否实施滥用职权行为，放纵他人犯罪或者帮助他人逃避刑事处罚；是否与他人共谋，利用其职务行为帮助他人实施其他犯罪行为，或既利用其职务行为帮助他人实施其他犯罪，又以非职务行为与他人共同实施其他犯罪行为等。

（8）被调查人违法处理公务造成的伤亡情况、经济损失、恶劣社会影响，是否有不报、迟报、谎报或者授意、指使、强令他人不报、迟报、谎报事故情况，损失后果持续、扩大或者抢救工作延误情况，滥用职权行为与危害后果之间的因果关系等情况。

（二）证人证言、被害人陈述

（1）上级主管领导、所在单位工作人员、知情人等相关证人关于被调查人的职权范围，违规行使职权情况以及滥用职权行为所造成危害后果的陈述。

（2）被害人及相关证人关于被调查人不正确行使职权或者超越职权违法处理公务活动的动机、目的，对不正确行使或超越职权处理公务活动及违法违规的认知程度，对可能造成的危害后果的认知程度；本人遭受的人身、财产损失的具体经过及诉求的陈述。

（三）书证、物证

（1）关于被调查人职责的工作制度、规范文件，被调查人如何履行职责的会议记录、处理决定、批件、工作日记、电话记录等。

（2）相关职业规范、工作制度、处理决定、处罚决定书、文件以及因违法违规处理公务活动受到的处分决定等。

（3）造成危害后果的医疗手册、医疗诊断，反映经济损失情况的受损物品实物或者照片、清单等。

（4）造成恶劣社会影响的报纸、期刊等国内外媒体报道，网站、微博、微信等网络媒体有关报道和舆情，转载的截屏、截图，外交照会，以及发案经过、举报、控告材料等其他证明材料。

（四）鉴定意见

其包括对被调查人滥用职权相关笔迹、印章、文件等鉴定意见，造成人员伤亡的法医鉴定意见书，造成经济损失的物品价格认定结论书等。

（五）视听资料、电子数据

其包括造成重大损失、人员伤亡和反映案件经过的视频、音频、监控录像，网站、微博、微信等网络平台上的相关报道点击量、转发量的电子数据等。

（六）其他证据

其包括事故发生现场，人员伤亡现场，物证、人身、尸体的勘验检查笔录等。

四、滥用职权罪主观方面的取证要求

（一）被调查人陈述、供述和辩解

（1）不正确行使职权或者超越职权违法处理公务活动的动机、目的，与行政或管理相对人员的关系，是否为本人、他人谋私情、私利、单位（部门）利益。

（2）不正确行使或者超越职权处理公务的时间、地点、手段、参与人员、经过、处理结果和造成后果。

（3）对其不正确行使或者超越职权处理公务活动，以及违法违规违纪的认知程度。

（4）对可能造成的危害后果的认知程度。

（5）共同犯罪的，行为之前的犯意提起、联络、分工以及共同犯意下各行为人实施的行为。

（二）证人证言、被害人（或被害单位）陈述

需要证实的内容同上。

（三）物证、书证

被调查人接受他人的物品、礼金、服务的实物及票据、凭证，相关职业规范、工作制度、处理决定、处罚决

定书、文件以及行为人因违法违规处理公务活动受到的处分决定等；证明与相关人员的关系，是否为本人、他人谋私情、私利、单位（部门）利益，违法违规处理公务活动造成的后果等。

审查调查实践中，判断被调查人是否“明知故犯”，还应注意收集、提取下列有关证据：

（1）证明被调查人对公务熟悉程度的证据，包括证明其知识层次、从事公务活动时间、有无管理权限、是否接受过培训等情况的证据。

（2）证明被调查人工作中一贯表现的证据，包括证明日常公务活动表现，有无受到过批评、劝阻，以及行政或管理相对人抗辩时被调查人的表现等情况的证据。

（3）证明被调查人滥用权力动机的证据，包括证明其与行政或管理相对人的关系，是否收受好处及是否为单位、部门谋取利益等情况的证据。

第七节　玩忽职守案件的构成要件和取证要点

一、玩忽职守罪的概念及犯罪构成

玩忽职守罪，是指国家机关工作人员玩忽职守，致使公共财产、国家和人民利益遭受重大损失的行为。

（一）玩忽职守罪的主体

玩忽职守罪的主体是国家机关工作人员。具体内容同滥用职权罪的主体。

（二）玩忽职守罪的主观方面

玩忽职守罪的主观方面是过失。实践中，许多玩忽职守犯罪表现为一种监督过失，即行为人应当履行监督责任或义务进行有效监督，而未能有效监督，造成危害结果的发生。

（三）玩忽职守罪的客观方面

玩忽职守罪的客观方面表现为国家机关工作人员玩忽职守，致使公共财产、国家和人民的利益遭受重大损失。具体包括以下三个方面：

1. 行为人实施了玩忽职守的行为

玩忽职守罪的行为内容主要是行为人严重不负责任，不履行或者不正确履行职责。不履行指行为人应该履行且有条件、有能力履行职责而没有履行，如擅离职守的行为；不正确履行指在履行职责的过程中，马虎草率、粗心大意，违反有关规定履行职责。玩忽职守行为包括作为和不作为两种行为方式。

2. 玩忽职守行为致使公共财产、国家和人民利益遭受重大损失

玩忽职守罪是结果犯，行为人玩忽职守的行为需要造

成“公共财产、国家和人民利益遭受重大损失”的危害结果，单纯的玩忽职守行为，如果没有造成该危害结果，可以给予党纪政务处分，但不能以玩忽职守罪论处。“重大损失”的标准，参照本书前述滥用职权罪的相关内容。

3. 玩忽职守行为和危害结果之间具有因果关系

关于因果关系的把握，参照本书前述滥用职权罪的相关内容。

（四）滥用职权罪与玩忽职守罪的区别

玩忽职守罪，是指国家机关工作人员玩忽职守，致使公共财产、国家和人民利益遭受重大损失的行为。相对滥用职权罪，两罪的客观方面表现不同，滥用职权罪的行为方式表现为国家机关工作人员不正确行使或超越职权，违法决定、处理其无权决定、处理的事项，或者违反规定处理公务；玩忽职守罪的行为方式表现为严重不负责任，不履行或不正确履行自己的工作职责，致使公共财产、国家和人民利益遭受损失的行为。另外，两罪的区别主观方面也是重要因素，滥用职权的主观方面为故意，玩忽职守的主观方面为过失。

二、玩忽职守罪主体证据的取证要求

玩忽职守罪的主体为特殊主体，是国家机关工作人员，主体身份和自然人身份证据的取证要求，参见前文受贿罪中关于国家机关工作人员主体证据的有关内容。

三、玩忽职守罪客观方面的取证要求

（一）被调查人陈述、供述和辩解

（1）被调查人玩忽职守行为发生的时间、地点、方式、过程及结果，包括事件发生、事态发展、审批程序、处理结果、处理依据、行政或管理相对人反应，以及损害后果等。

（2）公务活动的共同负责人、参与人、执行人情况及各自意见，公务活动中具体表现和态度等。

（3）依法行使职权的情况下应如何处理公务，包括自身的职权范围、行使职权的程序、接受监督的方式及自身的知识层次、从事公务年限、接受的培训情况等。

（4）是否受到权力干预，干预的人员、授意的内容等具体经过。

（5）与行政或管理相对人的关系，是否收受好处、服务、财物及是否存在其他私情、仇怨，收受的实物、礼金的种类、数量、特征，收受时间、地点、经过、在场人员、赃款赃物去向及接受服务的时间、地点、在场人员等。

（6）是否为本单位、部门谋取了好处，好处的物质形式、种类、数量、特征及接受的时间、地点、经过、去向、在场人、经手人、知情人等。

（7）是否实施玩忽职守行为，放纵他人犯罪或者帮助他人逃避刑事处罚；是否与他人共谋，利用其职务行为帮助他人实施其他犯罪行为，或既利用其职务行为帮助他人实施其他犯罪，又以非职务行为与他人共同实施其他犯罪行为。

（8）被调查人玩忽职守造成的伤亡情况、经济损失、恶劣社会影响，是否有不报、迟报、谎报或者授意、指使、强令他人不报、迟报、谎报事故情况，损失后果持续、扩大或者抢救工作延误情况，玩忽职守行为与危害后果之间的因果关系等情况。

（二）证人证言、被害人陈述

（1）上级主管领导、所在单位工作人员、知情人、目击人、行政和管理相对人等相关证人，关于被调查人的职权范围、玩忽职守行为所造成危害后果的陈述。

（2）被害人及相关证人关于被调查人不履行或不正确履行职责的动机、目的的陈述，对不履行或不正确履行职责的认知程度，对可能造成危害后果的认知程度；被害人对本人遭受的人身、财产损失的具体经过及诉求的陈述。

（三）书证、物证

（1）关于被调查人职责的工作制度、规范文件，被调查人如何履行职责的会议记录、处理决定、批件、工作日记、电话记录等。

（2）相关职业规范、工作制度、处理决定、处罚决定书、文件以及因玩忽职守行为受到的处分决定等。

（3）造成危害后果的医疗手册、医疗诊断，反映经济损失情况的受损物品实物或者照片、清单等。

（4）造成恶劣社会影响的报纸、期刊等国内外媒体报道，网站、微博、微信等网络媒体有关报道和舆情，转载的截屏、截图，外交照会，以及发案经过、举报、控告材料等其他证明材料。

（四）鉴定意见

（1）造成人员伤亡的法医鉴定意见书。

（2）笔迹、印章、文件等鉴定意见。

（3）造成经济损失的物品价格认定结论、审计结果及司法会计鉴定意见等。

（五）视听资料、电子数据

其包括造成重大损失、人员伤亡和反映案件经过的视频音频、监控录像，网站、微博、微信等网络相关报道点击量、转发量的电子数据等。

（六）其他证据

其包括事故发生现场，人员伤亡现场，物证、人身、尸体的勘验检查笔录等。

审查调查中，应注意收集反映被调查人“玩忽职守行为”与“造成重大损失后果”之间关联程度的证据。

四、玩忽职守罪主观方面的取证要求

（一）被调查人陈述、供述和辩解

（1）玩忽职守行为发生的时间、地点、手段、参与人员、经过、处理结果和造成后果。

（2）被调查人对其行为的认知程度，以及对可能造成的危害后果的认知程度。

（二）证人证言、被害人（或被害单位）陈述

需要证实的内容同上。

（三）物证、书证

能够证明被调查人应当预见自己玩忽职守的行为可能会发生公共财产、国家和人民利益遭受重大损失的结果，因为疏忽大意而没有预见，或者已经预见而轻信能够避免，以致发生这种结果的相关材料。

第六章　纪检监察证据的审核与流转

审查调查工作的高质量是纪检监察工作高质量发展的重要方面，审查调查工作高质量重点体现在高质量开展证据的收集、固定、审查、运用。近年来，审查调查工作实践中，在审查调查组内部设置专门的证据审核组或者指定专职证据审核人员，对审查调查工作过程和收集的证据进行审核把关，是通行的做法。证据审核工作，是通过"关口前移"提高案件质量的重要举措和有效方法。

第一节　纪检监察证据审核工作概述

一、证据审核工作的内涵

审查调查工作中证据审核工作，又称为"预审理"，是指案件查办过程中，在正式移送审理前，审查调查组内部由证据审核组或专门的证据审核人员对获取的违纪、职务违法、职务犯罪证据，进行综合研判、审核把关的活动。证据审核工作必须围绕“事实清楚、证据确凿、定性准确、处理恰当、手续完备、程序合规”二十四字方针，以及《监察法》第40条第1款“形成相互印证、完整稳定的证据链”的要求，在使用审查调查各项措施、严格按照刑事审判标准收集固定证据等方面把好关，确保案件质量经得起实践、历史的检验。

证据审核是审查调查的基础性工作，犹如一道证据“防火墙”，合格的通过，不合格的留下，确保收集的证据合法有效，达到案件审理、审查起诉和刑事审判的标准。证据审核有着不可替代的价值：一是满足取证的及时性要求，证据可能稍纵即逝，需要第一时间取证到位；二是满足取证的精准性要求，审查调查工作是项精细工作，不能大而化之，要把问题尽可能解决在审查调查阶段，减少不合格的证据流向下一环节的情况。证据审核工作的目标有两个：一个是保障案件的质量，另一个是提高查办案件的效率。其中质量意味着“好”，涉嫌职务犯罪的案件要向司法机关移送高质量的证据，要经得起法庭的审判、辩护律师的质证和历史的检验；效率意味着“快”，要在规定时间内高效完成调查取证工作，随着案件质量的提高，重复取证、无效取证的减少，退补率的降低，办案效率自然得到提升。这两个目标相辅相成，快要有好作为保障，只图快不求好，案件会失去根本；同时，只单纯求好，速度太慢，也会失去好的应有之义。

二、证据审核工作的组织架构

（一）人员准备

立案前后，根据案件具体情况，特别是案件可能存在的证据审核工作量、专业领域和疑难复杂程度，专案组要科学选配证据审核工作力量。选配的证据审核人员一般应当熟悉纪律法律规定，最好是从事过案件审理或者检察机关审查起诉工作的同志，尽可能选配了解熟悉被审查调查人工作领域、岗位特点，专业背景方面有过审理或公诉经验的干部。

（二）组织架构

证据审核组设一名组长，工作人员一般要有 3 至 4 名。证据审核组内部分工要明确合理，可以按照违纪、职务违法、职务犯罪三类案件分工，也可按照不同类型的事实类别分工，具体任务分工要结合案件实际，具体问题具体分析，科学合理分配力量。

（三）工作任务

（1）审核把关证据。主要包括三个方面的内容：一是单份证据的审核，重点审核证据是否符合形式和实质要求；二是多份证据的分析比对，重点在于发现和排除言词证据之间、言词证据和实物证据之间的矛盾；三是全案证据的综合审核，重点关注有无欠缺内容，是否达到规定的证明标准，形成相互印证、完整稳定的证据链。（2）引导调查取证工作。主要包括两个方面：一是案件办理初期，对审查调查中的常见问题进行培训讲解，如笔录制作和书证调取的基本要求、注意事项等，第一时间统一证据标准和要求。二是案件办理过程中，针对某一具体违纪违法事实，制发取证清单或者口头提出取证建议，引导调查取证。（3）研究论证疑难复杂问题。案件办理中，经常会涉及罪与非罪、此罪与彼罪、违纪与违法等疑难复杂问题，要及时研究论证，避免出现调查方向和定性错误。（4）参与审查调查报告、起诉建议书等重要文稿的起草。在审查调查终结之前，除了收集完成相关证据外，还要参与审查调查报告、起诉建议书、到案经过等有关情况的说明等重要文稿的起草。由于相关报告的专业性强，证据审核组通常要从实体和程序方面进行把握，同时也要从证据审核的角度，参与案件后期同审理部门、司法机关的具体对接。

（四）工作机制

（1）实行分工负责制。证据审核人员，对各自负责的案件事实和证据负责；证据审核组负责人统筹全案证据，直接对审查调查组主要领导负责。（2）采取口头反馈与书面取证建议相结合的工作方式。对于小的个案问题直接通过口头反馈，对于重要的普遍性问题就采取制作取证建议书的方式，报经审查调查组主要领导批准后落实。(3) 灵活机动调整工作重心。证据审核工作的重心，要根据审查调查工作的重心和取证任务的重点来灵活机动调整。当主要对象到案，开始交代违纪违法事实时，证据审核工作的重心在内审，要研究分析其所交代事实的真实性和可信度，梳理有关违纪违法事项，提出下一步取证的方向和思路；当主要对象突破后，审查调查主要任务是外查取证时，证据审核工作的重心在外查，侧重于有关证人证言、书证等证据的审核；当外围证据体系基本形成，需要调整完善主要对象笔录时，证据审核工作的重心在内审谈话笔录的审核。

（五）做好与审理、审查起诉衔接工作

程序上，证据审核与审理、审查起诉属于前后三个不同阶段，共同点都是把关证据，不同点是审理、审查起诉都是事后审，是在证据材料收集到位之后的审查把关，而证据审核是事中审，是在审查调查过程中同步审核把关。简单讲，审查调查工作中的证据审核是一个证据由无到有、由粗到细的过程，而审理部门和检察机关的审查，是一个证据更加精准、证据体系更加完善的过程。

第二节 纪检监察证据审核的标准和要求

证据是审查调查中事实证明和认定的主要载体，没有事实就没有处置，事实的呈现载体就是证据。证据审核工作，要通过“单个证据审核把关→多份证据分析对比→全案证据综合判断”的逻辑递进过程，看能否达到认定案件事实的目标，这也是开展证据审核的思路和程序。

一、单个证据的审核把关

（一）看证据是否符合“三性”要求

证据的“三性”，即客观性（真实性）、关联性、合法性（合规性）。客观性，又称真实性，要求收集的证据是客观、真实的，而不是伪造、变造的，这是证据的前提和基础。关联性，要求收集的证据必须与待证事实有逻辑上的联系，对待证事实有证明作用，能够使要件事实更可能或更不可能。合法性（合规性），要求按照规定的程序和要求来调查取证，具体分为主体合法（合规）、程序合法（合规）、手段合法（合规）等。单个证据审核工作要紧紧围绕这三个方面来开展。

（二）看证据是否规范、全面、精准

规范，主要体现在证据形式上，包括文书的填写、笔

录的制作、书证的调取等，必须严格按要求进行；全面，是指不仅要收集能够证实被审查调查人涉嫌违纪或者职务违法犯罪的证据，也要收集证明其没有违纪或者不构成职务违法犯罪的证据；精准，一方面认定的违纪违法犯罪事实都有相应的证据支撑，防止少而不准，另一方面与违纪违法犯罪无关的证据材料尽量少取或者不取，防止多而不精。

二、多份证据的分析比对

对单个证据的审核把关，主要是关注证据的客观性、合法性。对多个证据的审核判断运用，则更关注证据的关联性。多份证据的分析比对，主要针对的是单笔事实中多份证据的审核，以排除言词证据之间、言词证据和实物证据之间的矛盾，最终形成“相互印证、完整稳定的证据链”。

（一）对多个证据进行审核的模式

证据在审查调查实践中并不是孤立存在的，而是互相联系，需要综合运用的。对多个证据的审核，主要运用“相互印证”的标准和模式。证据需要其他证据来佐证，从而达到法律和司法解释规定的“证据之间具有内在的联系，共同指向同一待证事实”的要求。所谓印证，就是认定两个以上独立来源的在案证据能否相互对应、相互吻合、相互支持的判断证据证明力的分析方法。审核证据之间的相互印证性，是判定证据是否真实可信、事实是否清楚的重要标准。一般来说，能够得到相互印证的证据是相对真实的，证据间的印证越多，证据的真实性就越大。

运用证据证明违法犯罪事实，一般是将言词证据与实物证据组合搭配，往往是先言词证据后实物证据，称为“一组证据”。言词证据一般能展现案件事实的整体或部分过程，而实物证据能印证言词证据的真实性，二者形成稳定的证据链条，共同证明案件事实。要通过每一组证据之间的印证关系以及如何证明违法犯罪事实，实现让证据“说话”的目的。相反，如果证据之间不能相互印证，就会影响事实认定。在审查调查实践中常见的问题是调取证据不够全面，该调取的证据没有及时调取，从而使得证据之间缺乏相互印证的条件。有的在被审查调查人供述其违法犯罪事实后，对涉及的重要证人和书证未及时取证核实，对被审查调查人交代的重要情节没有通过相应的证据予以固定，这就相当于在局部形成孤证。因此，在被审查调查人供述其违法犯罪事实后，对供述的重要情节应当及时通过相应证据予以固定，对涉及的重要证人和物证、书证进一步取证核实，避免时过境迁而无法调取。在审核证据时，就是要针对不完善的言词证据提出补充书证，或针对不全面的书证补充言词证据，或在讯问、询问过程中向被审查调查人、证人出示书证让其确认，以达到言词证据与实物证据的相互印证、完整清晰地证明案件事实的目标。

这里需要注意两个问题：一是要排除通过一切手段精心“制作”的证据，如指供、诱供、逼供等得来的证据。这些证据违背了证据客观性、合法性原则，是不真实的证据，应依法予以排除，绝对禁止人为非法的印证。二是证据并非证明内容完全雷同就好，关键在于排除各个在案证据之间存在的矛盾，寻求证据信息指向案件待证事实一致性而不是完全一致。比如证人证言，由于感知、记忆、表达能力的不同，即使证实相同的事物，内容也会不尽相同。因此，要特别注意印证中的“过于印证”问题，如果证据与证据之间高度印证到不符合经验法则，则一般是不真实的。特别是对言词证据来讲，真实的证据往往在印证上存在一定的合理差异，但也不能有根本性的矛盾，对于影响事实认定的出入应当进行核实。

（二）多项证据相互印证审核的方法

对于多个证据的审核把关，运用的是“相互印证”的审核模式，也就是比对审核判断。《人民法院办理刑事案件第一审普通程序法庭调查规程（试行）》第45条第1款规定，经过控辩双方质证的证据，法庭应当结合控辩双方质证意见，从证据与待证事实的关联程度、证据之间的印证联系、证据自身的真实性程度等方面，综合判断证据能否作为定案的根据。证据审核工作中，可以借鉴刑事诉讼中的相关要求，判断证据与待证事实没有关联，或者证据自身存在无法解释的疑问，或者证据与待证事实以及其他证据存在无法排除的矛盾的，不得作为定案的根据。所以，对证据之间不一致的应当及时进行比对，并予以核实或补正。

（三）开展延伸取证工作

对多个证据分析比对后，要及时提出做好延伸取证的要求。延伸取证是寻求证据之间相互印证的一种常用方法。审查调查中的延伸取证，对证据薄弱环节能起到补强作用，对证据易变环节能起到固定作用。实践中，主要有三类延伸取证的情况：

一是补充性证据。这类取证比较常见，主要是对相关证据中反映的重要环节和情节进行补充调取证据，以对某个问题形成完整的证据链条。同时，也要把握必要性，防止出现过度延伸的问题。基本的判断标准就是证明对象所必需，证明程度所必要。

二是隐蔽性证据。隐蔽性证据之所以具有较高的证明力，在于当事人的亲历性，其来源于当事人自己的认知和经历。也就是说，相关信息只有被审查调查人自己知道，根据其供述找到的物证、书证的证明力就非常强。因此，审查调查人员要充分重视受贿人或行贿人供述自己犯罪行为的第一份讯问笔录，相关讯问一定要深入细致，尽量记录犯罪行为的细节，如具体地点、外部环境，当日的其他活动、行动轨迹，是否存在特殊事件、是否有在场人员，收受贿赂款的币种、数额、票面金额、包装、去向等，以供查证。如果审查调查人员根据上述供述，获取了只有被审查调查人自己才知道的相关物证或书证，将会极大提升有罪供述的证明力。

三是再生性证据。再生性证据是被审查调查人为了逃避纪检监察机关的审查调查，而在实施作案过程中或者在审查调查人员办案过程中实施对抗、阻碍活动而生成的证据。如转移隐匿相关犯罪证据材料，与行贿人员订立攻守同盟，在组织调查前向行贿人进行退赃，等等。如果获取了相关的证人证言、物证等再生性证据，就可以对原来的证据形成补强和固定的作用。

三、全案证据的综合判断

对单个证据和多个证据的审核把关，重点是解决“证据确实”的问题，而对于全案证据的审核重点是“证据充分”，两者结合才能达到运用证据证明的“事实清楚”。根据《刑事诉讼法》第55条第2款的规定，证据确实、充分，应当符合以下条件：一是定罪量刑的事实都有证据证明；二是据以定案的证据均经法定程序查证属实；三是综合全案证据，对所认定事实已排除合理怀疑。据此，对全案证据的审核把关，主要涉及两个方面的问题：一是哪些事实必须得到证明；二是证据应当证明到何种程度。

（一）运用证据需要证明的事实

职务犯罪的调查取证包括三个步骤：一是明确证明对象；二是围绕证明对象寻找证据；三是对证据加以固定和保存。明确证明对象，是构建证据体系首先要解决的问题。收集以及审核证据，需要把握证据证明的各方面因素，包括定罪与量刑、实体与程序、有利与不利等方面。

（二）全案证据需要证明的程度

“证据确实、充分”就是证据需要证明的程度，也就是证明标准。全案证据是否充分，是否已经达到定罪量刑要求，是审查调查人员主观判断的过程。因此，在证据审核工作中要特别予以把握。

（1）正反面相结合。《刑事诉讼法》第 55 条第 2 款将排除合理怀疑作为证据确实、充分的最终条件。“证据确实、充分，排除合理怀疑”，说明刑事案件证明的过程是一个正反面相结合的过程。正面是指对关键构成要件的证明必须完整。所谓关键构成要件，是指犯罪是否发生、是否为被调查人所为，以及应负何种程度的刑事责任等关键问题。反面则是指排除合理怀疑，得出唯一结论。检察机关审查认定犯罪的思路，是从无罪推定开始，综合运用证据，逐步排除这种无罪的可能性，在穷尽了无罪可能性或排除了合理怀疑之后，就已经达到证据充分的标准。这一认定思路，可以作为审查调查取证和证据审核工作的重要参考。正反面相结合，需要审查调查人员养成逆向思维的习惯，高度重视被调查人的辩解、办案中存在的分歧意见，预测可能出现的不同观点，并有针对性地完善证据体系。职务犯罪案件言词证据多，主观因素比较大，难免有真有假，出现矛盾证据属于正常现象。收集的证据数量多、案卷厚，并不当然等于证据充分。如果不注重对证据的分析判断，只是证据的简单堆砌，对证据哪一环有缺失、哪方面较薄弱难以及时发现，证据矛盾就会随着案件被带到下一个环节。在证据审核中，只有对证据从不同角度进行反复审视，才能更好地“去伪存真”，排除证据之间存在的矛盾。

（2）主客观相结合。《刑事诉讼法》第 55 条第 2 款在怀疑前面加了“合理”两个字，顾名思义，怀疑必须有合理的根据。合理一般指“运用证据进行的推理符合逻辑和经验”。证据审核工作中，可以参考最高人民法院 2019 年 10 月修正的《关于民事诉讼证据的若干规定》第 85 条第 2 款的规定，“审判人员应当依照法定程序，全面、客观地审核证据，依据法律的规定，遵循法官职业道德，运用逻辑推理和日常生活经验，对证据有无证明力和证明力大小独立进行判断，并公开判断的理由和结果”。

案件事实的证明是办案人员将主客观相结合的过程，这个过程包括三个要素：证据、基础的判断依据和推理，三者均是主客观不同程度结合的产物。基础的判断依据包括逻辑和经验，也包括科学和常识。推理的过程，是基于证据和这些判断依据，由审查调查人员所作的主观分析过程。推理判断的理由和结果要能够通过公开的形式，被正常人理解并认同。同时，证明上的推理与司法推定一样，要经得起反证和质疑。审查调查人员和证据审核工作要注意从这些角度进行把关。

（3）从宏观到微观。证明过程是一个由表及里、逐渐深入的过程，在证明过程中由于证据之间以及证据与待证事实之间不断产生关联，并进行相互印证和排除矛盾，需要完成一个从宏观到微观的证明过程，这就要求证据审核人员要能够从大的构成要件一直到小的案件细节，逐步深入地把握案件的本质，养成这种从宏观到微观分析问题的思维习惯。

在审查调查实践工作中，无论是审查调查人员还是证据审核人员，都应当注意加强对办案过程的反向审视，总结经验教训，不断提高自身能力水平。

第三节　纪检监察证据审核工作的组织实施

证据审核工作的组织实施能够推动整个案件高效运转，证据审核组承担着重要的沟通协调职能，要确保各方面工作协同联动。一方面，确保审查调查组内部工作顺畅，协同配合。要做好与内审谈话组、外查取证组的沟通工作，积极了解各组工作实际情况，在充分研究论证的基础上，有理有据地提出工作指导和建议；要发挥好内审谈话组与外查取证组的桥梁纽带作用，特别是对于双方有争议的问题，客观稳妥提出解决方案；要积极听取内审谈话组、外查取证组的工作意见，既严格标准、精准把关，又要发挥服务保障作用，及时为各组答疑解惑，提供支持。另一方面，要做好与审理部门、司法机关的沟通衔接。审查调查过程中遇到疑难、复杂问题，及时向审理部门咨询，对于有争议的法律理解和适用问题，确有必要的，做好与司法机关的会商工作；移送审理或审查起诉后，做好案情通报和情况介绍，跟进了解补证建议情况，领会审理部门、检察机关的具体要求，提高审查调查组补证工作质量和效率。

一、建立线索台账，打好取证工作基础

证据审核组在工作开始时，面对的并不是基本成型的案卷材料，而是举报信等问题线索材料、零散的谈话笔录、谈话记录等不成体系的初核证据以及大量的查询数据。审核人员必须在较短时间内整理消化这些材料，并按照问题性质或不同涉案人将其初步分类，建立线索台账和材料档案，为后续工作打下坚实基础。

（一）提取材料信息

证据审核组成立后，第一项工作就是把初核过程形成的相关事实材料、问题线索材料以及其他涉案材料包括已经处置过和正在受理的检举控告材料（信访举报材料）、谈话函询材料、线索处置意见等，进行重新梳理汇总，做到对案件整体情况心中有数。随着审查调查工作的展开，会不断有各类查询信息反馈，在逐步开展谈话、讯问、询问等工作后，会迎来一个信息膨胀期，证据审核组要快速消化各类信息，及时对问题线索台账进行动态更新，将信息分析的结果转化为下一步取证建议和提示，让信息实现充分而有深度的共享。具体做法是：

（1）对信息内容进行分类。将材料中表述的内容按照事实进行划分，并按照违纪违法类型或不同涉案人归入到不同的分类。例如，一份笔录中可能表述了多个事实，

要将这些事实分别摘录，并按照违反政治纪律、违反中央八项规定精神、违反组织纪律、违反廉洁纪律、违反工作纪律、违反群众纪律、违反生活纪律等违纪类型或者贪污、受贿等职务犯罪类型进行分类，也可以按照涉及的具体涉案人进行归类。通常而言，在审查调查工作初期，对于问题性质不好判断，且线索较为繁杂，这时按照涉案人进行分类更加符合工作实际。

（2）提取关键要素。对材料内容分类后，要对每一个事实提取关键要素，包括时间、地点、人物、动机、行为、后果、财物来源和去向、参与人、知情人等信息，将这些信息的关键点提炼出来后，形成较为简短的文字概括，并标注其出处，在需要时可以通过查找原件全面了解材料内容。

（3）与其他证据材料进行比对和发散联想。每个事实都是由若干证据材料支撑证明的，这些证据材料在不同方面相互印证，多个局部事实汇聚成一个整体事实。因此，证据材料不是孤立存在的，而是相互关联的。例如，一份谈话记录说明了被审查调查人和涉案人曾经一起去过某地，证据审核人员将这个信息提炼出来后，就应与飞行记录、银行卡交易明细、其他人的证言等证据相互关联，再通过交易明细、原始交易凭证等锁定去某地有什么消费，如果是买了一套房产，再通过房产登记、物业登记等信息确定是谁在使用，判断是否有送房行为。这样的关联在审查调查初期是发现线索、深入调查的常用方法，也是审查调查中期指导取证的思路，更是审查调查后期证据合拢比对时不可缺少的方法。

快速而精准地提炼材料信息是证据审核人员的基本功，在提炼过程中尽管会出现信息衰减，但关键信息不能缺失。在实践中，许多争议问题并不是法律问题，而是事实证据问题，是取证不到位或者对证据内容判断偏差造成的。在审查调查工作中，进行准确判断所依据的是有效的关键信息，如果对关键信息提取错误则会导致判断失误。证据审核组往往承担着专案组领导参谋助手的重要角色，对专案组领导来说，证据审核组提炼归纳的信息及依据这些信息得出的判断非常重要，归纳的信息不准确、不完全，可能误导专案组领导的判断，影响工作质量和效率。

（二）建立问题线索台账

问题线索基本可以分为三类：一是被审查调查对象的问题线索；二是其他公职人员的问题线索；三是涉案人、同案人的问题线索。这些问题线索是审查调查工作的重要成果，也是进一步查办案件的基础，依规依纪依法处理好这些问题线索是纪检监察机关的重要职责。随着审查调查工作的开展，问题线索会逐步拓展，在审查调查阶段并非要对每条线索都进行核实，而是要在后续有相应的处置。

对于被审查调查对象的问题线索，要按条核实，查否的也要有足够理由。对于其他公职人员及涉案人、同案人的问题线索，要按照管辖权限移送有关机关处理。

要将散落于各种材料中的问题线索集中起来，做到不遗漏，建立问题线索台账是一个好的办法。常见的问题线索台账有两种方式：一是文档式的，二是表格式的。文档式线索台账的优点是编辑快、效率高，缺点是不能一目了然，翻找查阅不方便。表格式线索台账与此正好相反，查阅比较方便，但对于大部分证据审核人员而言，制作复杂的表格比较牵扯精力，很多时间用在了调整格式上。因此，可以先建立文档式线索台账，证据审核人员在较短时间内，将举报信、笔录、书证等渠道中的信息汇总起来，然后再根据工作需要建立表格式线索台账。如果只是出于分析会商等工作需要，可以简化表格式线索台账，只将标题和主体内容提取出来制作成表格。具体做法是：

（1）按照违纪违法问题种类对信息进行分类。这种划分要随着审查调查进展进行调整，如先是礼金问题，但后来查出了谋利事项就归入到受贿问题中去。对于不好分类的信息，可以按照涉案人或者某种类型划分，如对于某个涉案人只掌握了重大谋利事项但还没有掌握经济往来问题，则可以先以涉案人姓名为标题进行摘录。

（2）摘录材料要标明信息来源。这样做的主要优点在于：一是摘录的材料难免出现信息衰减或者错误，注明来源可以方便查阅原文予以验证；二是线索台账是索引性质的文档，在对案件进行论证时还要找到出处逐字逐句地与原话核对；三是案件调查时间一长，审查调查人员对案件信息也会有所遗忘，这时就有必要找到线索的原始出处；四是在为被审查调查人和涉案人出具配合调查期间态度表现说明时，线索台账记录的首次交代时间和态度变化可以作为重要依据。

（3）对信息进行提炼概括。问题线索台账不同于阅卷报告或者证据摘录，它只要反映出某个问题的情况即可，不用特别详细，因此录入到问题线索台账前可以进行适当概括。

（三）对材料进行梳理，分门别类建立电子档案

证据审核组处于全案信息的中枢环节，各方面调取的材料都会交到证据审核组进行审核。证据审核组在做好把关工作的同时，要将信息材料分门别类整理好，一方面方便随时查阅，另一方面可以将整理好的信息提供给各组，共享工作成果。

二、梳理汇总家庭资产，形成整体轮廓

在案件办理初期，证据审核组的一项重要工作就是及时梳理汇总被审查调查人及其家庭持有、控制和可能存放

在他处的资产“总盘子”，粗描案件整体轮廓。把“总盘子”搞清楚后，扣除其合法取得的资产及合法收入，形成的差额就有可能是非法来源的财产，需要重点予以关注。

（一）梳理汇总房产、车辆等重要资产情况

证据审核组要根据初核期间查询被审查调查人及其亲属名下的房产、汽车情况，以及案件早期被审查调查人及其家人，秘书、司机等关系密切人的交代、陈述，及时向外查取证组提出查询涉及的房产、汽车及购置款账目，综合汇总确定房产、车辆购置金额。同时，要注意掌握被审查调查人家庭曾经拥有后来出让的情况，汇总计算取得时的价格及相关收益。

（二）梳理汇总银行存款、理财、保险等金融产品总价值

根据初核期间查询的有关结果，计算被审查调查人家庭金融资产的情况，既要看金融资产原始的情况，也要看投资取得的收益情况。这个过程中，可能会通过人民银行反洗钱部门进行查询，要注意甄别哪些是实际余额，哪些是滚动发生额，切勿把累计发生额虚高记入实际余额，导致错误或重复计算。

（三）梳理统计家庭贵重财物的初步估算价值

案件初期，外查取证组会及时对被审查调查人住所、

办公场所、可能隐匿转移涉案款物的其他场所进行搜查，被审查调查人及其家人也可能会主动上交相关涉案款物、银行保管箱存放的贵重物品（包括外币、黄金、珠宝等）或由他人保管的贵重物品，对这些涉案财物要依法采取查封、扣押、冻结等措施。证据审核组要根据外查取证组提供的查封、扣押、冻结清单以及其他能够证明贵重物品价值的材料，对相关物品进行初步估值计算，汇总记入家庭总资产。

（四）其他资产

对于除以上家庭资产以外的，其他具有购置价值的重要资产也要记入家庭总资产。

在梳理汇总家庭总资产的同时，也要对家庭合法收入情况进行初步统计。经过科学合理计算，初步匡算出家庭总资产与家庭合法收入情况之间的差价。这个差价具有重要参考价值，能够为初步判断案件整体情况提供支撑。当然，这个匡算只是初步的，随着审查调查工作的推进，还要进行动态更新，逐步精确精准，为案件后续评估和追缴涉案财物打下基础。

三、加强比对分析，有序开展取证工作

（一）汇集研判取证情况

对重点问题线索开展集中取证工作后，为了掌握工作

进展情况并指导取证工作，需要将取证情况进行汇集。汇集工作主要有两个载体：一是证据摘录；二是证据比对表。

证据摘录类似于阅卷笔录，一般包括基本事实、证据摘录、分析意见、取证建议等几个部分。证据摘录的优势在于方便编辑，且信息容量大，既可以叠加比较多的内容，其基本事实部分不断完善更新，也可以指导取证，还可以为审查调查报告撰写打好基础；但劣势在于内容繁杂，重点不够突出，不便于日后查阅。证据摘录对涉案事实的证据情况进行及时更新，可作为外查取证和内审谈话的证据信息汇总的重要载体。

证据比对表一般是围绕构成要件，将各方面的证据摘录到表格上，优势在于重点突出、方便查阅，随着调查深入，可以在表格中用不同颜色体现证据链合拢情况，使用起来更为直观便捷；劣势在于编辑表格花费时间较多。在审查调查过程中，证据情况每天都会发生变化，在某个阶段会有集中增长，证据审核组难以一边审核证据一边做比较详细的证据摘录。证据比对表如果只录入基本信息，不进行详细的摘录，则可以起到提纲挈领的作用。在工作中，证据审核组会多次撰写与事实有关的各类进展情况报告，必要时可以用取证任务单的形式对重点问题的基本事实予以概括，以此代替证据摘录的大部分作用。

（二）及时下发取证指南和制作取证任务单

证据审核组及时梳理汇总取证过程中遇到的问题并提出解决办法，以取证指南的形式指导内审谈话、外查取证，精准规范高效开展取证工作；对内审谈话和外查取证需要进一步开展的工作提出意见建议，列明取证清单并制作谈话或外查取证工作任务单，特别是到案件中后期，可以采取逐个销号的方式，确保证据链闭合。

四、实现证据合拢，推动主要事实落地

证据审核组在前期工作的基础上，要准确把握进度和“火候”，分类梳理问题“定盘子”，列明证据要求“定标准”，分析取证角度“定方式”，倒排任务工期“定期限”，适时推动全案由“线索发散”向“问题集中”整体过渡，实现证据合拢，推动事实落地。

（一）倒排任务工期

证据审核组要根据取证进展情况估算工期，一般来说，重要证据初步印证以后，特别是被审查调查人和涉案人的供证基本吻合后，接下来的细化取证工作一般都会比较迅速。如果案件按照最长 6 个月留置时间计算，从第一次提请审理室介入到最后将被审查调查人移送司法机关最少要留出 2 个月时间，再往前留出 1 个月全面取证时间，也就是说案件在 3 个月内要基本确定违纪违法事实。确定

违纪违法事实意味着要实现主要证据落地，主证落地的时间如果是1个月，那么就意味着在案件开始2个月内要排出重点问题线索并确定证明结构和取证任务。确定证明结构需要结合内审组和外查组的意见，这个时间一般也要1周，也就是说，立案后40天以内要在被审查调查人、同案人或涉案人等方面实现重大突破，掌握主要问题事实。倒排工期要尽量考虑得细致一些，节假日和工作程序流转时间都要考虑进去。当然，也要具体问题具体分析，每个案件的情况都会有所不同，要根据实际情况灵活调整。

（二）建立工作任务推进表

审查调查时间有着严格限制，案件越复杂就越要加强统筹协调，确保取证工作保质按时完成。实践证明，效率不仅源于办案人员的努力工作，也源于科学统筹的工作方法。证据审核组要根据案件情况和办案人员特点，通过不断调整改进工作方法，实现高质量、高效率。在证据合拢阶段，要让各取证组对标对表，劲往一处使，不能各干各的。可以按照每条证据链的成熟程度，划分出几个档次，逐档推进，这样在一段时间内，内审谈话组、外查取证组的各相关取证小组的工作针对的都是相同的证据链，在取证中可以及时彼此印证，提高取证效率。这个阶段，制作笔录的任务量较重。首先，要把制作笔录的任务予以明确。例如，对于某个受贿问题，要明确被调查人要做几份笔录，根据情况，谋利事项和收钱问题可能要分开制作笔录，拆分笔录要结合同步录音录像需要和事实逻辑结构等因素合理划分。其次，要把工期精确到日，每日确定下一日要制作的笔录，实现内审外查同步压茬推进。为了更好地掌握工作情况，可以建立取证推进表。在表格中，可以用不同颜色标识不同的取证状态，如紫色代表取证完毕、绿色代表准备好随时可以取证、黄色代表正在取证磨合过程中、红色代表还没有开展取证，对于已经取完的证据要在后面标注。表格建立后，要实行“挂图作战”，稳步高效推进各方面的取证工作。

（三）及时化解工作堵点

证据审核组对于取证工作要有预见性，要结合实践经验和纪法知识，对违纪违法问题审查调查过程中的难点、堵点作出预判，提前清除障碍或者确定工作预案。例如，对于低价购房问题，要尽早确定收受时间进行价格认定；对于收送钱款时间供证不一致的，要尽早调取飞行记录、住宿记录等背景性证据予以佐证；对于让涉案人装修房产的，要及时收集相关凭证对装修价格进行鉴定等。要与案件审理部门尽早建立顺畅的沟通渠道，对于疑难复杂的违纪违法问题，在证据合拢前，就性质判断、证明结构、取证要点等问题集中咨询案件审理部门，在取证中遇到拿不准的问题也要及时请教，确保取证工作不走弯路甚至回头路。

（四）随时排除矛盾和问题

证据出现矛盾时必须做好沟通工作。在进行证据比对后，大部分的证据差异可以通过进一步的取证工作予以解决，但可能还会剩下少部分的差异问题，有时不同对象的言词证据之间存在矛盾，各自的谈话人员都认为自己谈出的内容是真实的，交流如果不顺畅，可能会引起办案人员间的矛盾。证据审核组要站在中立的立场，从全案证据情况出发审视这些证据差异，如果是不重要情节的差异，在不影响事实认定的前提下可以让其存在，如果是重要情节差异，则要借助客观证据进行判断。证据审核人员要与各组充分沟通，协同配合，妥善解决有关矛盾。

五、形成基本事实，不断完善相关证据

审查调查取证工作完成后，要形成审查调查基本事实，制作违纪违法事实见面材料，安排被审查调查人签字确认，同时相关事实要在审查调查报告、起诉建议书等各类文书材料中予以体现。

实践工作中，在确定重要问题线索时，就要开始酝酿审查调查基本事实。要根据当时的证据情况，对相关问题事实进行预判，并研究确定证明结构，进而开始全面取证工作。在这个过程中，要根据证据情况不断检视证明体

系、调整证明结构和任务，及时校正对基本事实的预判。根据证据情况撰写基本事实，并根据调查进展情况不断更新调整，是审核证据的常用工作方法。在撰写基本事实的过程中，就会注意到哪些环节取证还不到位或者不同证据间仍存在矛盾等问题。相较于最终进入审查调查报告的事实，用于审核证据、指导取证的基本事实就要翔实具体得多，要把待证的每个环节、每个场景、每个人物等要素都写清楚。在取证工作结束时，形成的进入报告的基本事实要简单得多，通常把“六何”（何人、何时、何地、以何种方法、对何人、对何物做了什么）概括清楚即可。

六、加强证据审核工作的组织协调

从一定意义上说，审查调查工作的过程就是一个取证的过程，所有的工作落脚点都在证据上，各种材料是证据的载体和记录。因此，证据审核把关不是某一个特定阶段的工作，而是贯穿审查调查全过程，是一个不断往复的过程。证据审核不仅是书面的审查把关，还要及时与取证人员进行沟通，指导指引取证工作。必要时，证据审核组可以到取证一线审核把关，直接参与谈话取证工作。

证据审核人员在与取证人员沟通时，可能会因经验不足、沟通方法不当等，出现一些矛盾和问题。一是工作机制不畅。证据审核人员在沟通时，不恰当地发表了指导性意见，而这些意见并没有经过审查调查组领导的认可，可能不符合审查调查组领导对案件工作的判断，特别是绕过了内审组、外查组负责人直接指导取证，会影响正常的工作安排。二是沟通时机不当。审查调查工作有其规律，一个违纪违法问题从暴露到查实需要经历一个冒头、沉淀、核对、落地的过程，在问题暴露初期，特别是对于重大问题，取证人员可能不想过早报告这一情况，也可能需要各组背靠背取证进而相互印证真伪，这时如果证据审核人员贸然与取证人员核实，可能得不到积极配合的回应。三是方式方法欠妥。有的取证人员对证据审核有所误解，认为证据审核是找麻烦的，或者从个人工作经验出发不赞同证据审核人员的意见，有的证据审核人员在沟通过程中不注重方式方法，颐指气使，就可能导致矛盾出现。

工作实践中，针对这些常见问题，要加强统筹指挥和组织协调，促进案件有序开展。

（一）把握沟通时机

顺畅的沟通对于快速推进取证工作特别是证据链合拢具有重要作用。在案件初期，证据审核人员一般不对具体问题进行沟通，而应把主要精力放在打牢工作基础、拓展问题线索、规范取证标准、布置周期长而又很重要的取证工作上。在案件中期，证据审核人员一般通过取证任务单的形式下达取证建议，结合任务单与取证人员沟通联系并进行督办。在案件后期，经审查调查组领导和各组负责人授权，证据审核人员可与取证人员直接联系，精准指导取证。

（二）注重沟通方法

审查调查过程中的证据审核人员面对的不是终局性的案卷材料，而是不断累积的证据材料。在这个过程中，沟通更多表现为了解、核实、建议、磋商，而不是下达指令、认定或者否定。证据材料记载内容相较于违纪违法构成要件的欠缺，有取证人员忽略的可能，也有受制于审查调查时间和阶段的可能。证据审核人员要善于从反向视角发现问题，同取证人员商量共同解决问题。

（三）有效反馈审核意见

证据审核人员对材料进行审核后，需要把审核意见告知取证人员，在审核意见本身正确的前提下，沟通得越顺畅、信息量越大、领会越准确，审核工作的效果就发挥得越明显。例如，对于一份笔录，有的审核人员在电子版上直接修订，有的审核人员在纸质版上写写画画，只要审核意见准确、明确、具体，这些方式都可以采用，但决不能随意涂抹，画几个大圈、大叉或者其他令人感到费解的符号、语句就敷衍了事。这样做既不尊重别人的劳动成果，也不能准确传递审核意见。

第四节　纪检监察查办案件中非法证据的排除

《监察法》规定的非法证据排除规则是一项非常重要的证据规则。本书在前文已对非法证据排除规则予以简要阐释。在审查调查具体实践中，证据审核必须加强对非法证据的排除，提高办案工作质量，从源头上避免“带病移送审理”或“带病移送审查起诉”的发生。

一、职务犯罪案件调查中的非法证据排除

《刑事诉讼法》第 56 条第 1 款将非法证据排除分成两类，即按照侦查人员违法取证的严重性，分为强制性排除和裁量性排除。强制性排除规则适用的对象主要是侦查人员通过严重违法手段获取的言词证据，如采取刑讯逼供、暴力、威胁等非法方式取得的言词证据。这些证据应无条件地予以排除，并且不可补正。裁量性排除规则，是指对于侦查人员采用非法方式获取的物证、书证，可能严重影响司法公正的，应当予以补正或者作出合理解释，对于不能补正或者作出合理解释的，对该证据予以排除。

《监察法》第 33 条第 3 款规定：“以非法方法收集的证据应当依法予以排除，不得作为案件处置的依据。”这

里并没有区分强制性排除与裁量性排除。《监察法》第 33 条第 3 款明确了非法证据禁止适用规则，其表述与《刑事诉讼法》中的表述相近。条文规定，监察调查活动全过程应严格排除所有通过非法方式收集的证据，其中包括引诱和欺骗的非常规手段。

《监察法实施条例》对排除非法证据的情形作了进一步的规范，第 65 条对不同情况予以区分。一是对于调查人员采用暴力、威胁以及非法限制人身自由等非法方法收集的被调查人供述、证人证言、被害人陈述，应当依法予以排除。二是收集物证、书证不符合法定程序，可能严重影响案件公正处理的，应当予以补正或者作出合理解释；不能补正或者作出合理解释的，对该证据应当予以排除。

最高人民法院、最高人民检察院、公安部、国家安全部、司法部《关于办理刑事案件严格排除非法证据若干问题的规定》专门指出，采取使犯罪嫌疑人、被告人遭受难以忍受的痛苦而违背意愿作出的供述，应当予以排除，并列举了相关手段，包括采用暴力、威胁等非法方法，殴打或违法使用戒具，刑讯逼供等非法手段的常见情形。《监察法实施条例》相关规定明确，暴力的方法，是指采用殴打、违法使用戒具等方法或者变相肉刑的恶劣手段，使人遭受难以忍受的痛苦而违背意愿作出供述、证言、陈述；威胁的方法，是指采用以暴力或者严重损害本人及其近亲属合法权益等进行威胁的方法，使人遭受难以忍受的痛苦而违背意愿作出供述、证言、陈述。

尽管相关法律法规中均有明确规定，但在审查调查实践和司法实践中，仍然存在诸多界定非法言词证据的难题。比如，如何区分疲劳讯问与正常讯问，囿于原则性表述缺乏具体的讯问时间的规定，实践中导致监察机关自行“裁量”，因而可能损害被审查调查人的合法权益，甚至造成言词证据失真。再如，如何区分威胁、引诱、欺骗与讯问策略等问题，也是个案实践中的难题。

二、违纪、职务违法案件调查中的非法证据排除

违纪、职务违法审查调查尽管和职务犯罪调查有所不同，不能完全机械套用刑事诉讼关于证据的要求和标准，但是对取证合法、合规性的要求上是一致的。在审查调查实践中，对违纪、职务违法案件进行审查调查，其中违规和非法取得的证据也应依法依规排除。违纪、职务违法案件中违规和非法证据有以下几种表现形式：

一是收集主体不合法。《监督执纪工作规则》《监察法》《监察法实施条例》都规定了违纪、职务违法案件办理的主体，也就是收集证据的法定主体，非法定主体收集的证据，就属于非法证据。如《监督执纪工作规则》第46条第1款规定，纪检监察机关应当严格依规依纪依法

收集、鉴别证据，做到全面、客观，形成相互印证、完整稳定的证据链。《监察法》第 19 条规定，对于可能发生职务违法的监察对象，监察机关按照管理权限，可以直接或者委托有关机关、人员进行谈话或者要求说明情况。若有关机关、人员未经监察机关委托以谈话方式取得的证据，有关证据就不能作为案件处置的依据。

二是取证方式违反法定程序。法定程序是指纪检监察机关审查调查时要遵循或者履行的法定步骤、顺序、方式、时限等。纪检监察机关进行违纪、职务违法审查调查收集证据时，主要应遵守下列规定：第一，谈话、询问、查询、调取以及立案后采取的冻结、查封、扣押等取证活动，必须遵守法定时限并依法出具相应的法律文书、工作证件。比如，被询问人未被限制人身自由的，应当在首次询问时向其出具《询问通知书》，如果首次询问没有出具《询问通知书》，则取得的证据就可能成为非法证据。第二，法律规定须经过不同层级的领导批准的调查措施必须按照法律规定程序报批，如未经批准就使用调查措施取得的证据也可能成为非法证据。

三是证据收集手段不合法（合规）。《监察法》第 40 条第 2 款规定，严禁以威胁、引诱、欺骗及其他非法方式收集证据，严禁侮辱、打骂、虐待、体罚或者变相体罚被调查人和涉案人员。如果存在暴力取证、变相拘禁、疲劳谈话等行为，严重损害了当事人的合法权利，则取得的证据为非法证据。上述非法证据的具体情节在《监察法》中并未明确，可以参考适用《关于办理刑事案件严格排除非法证据若干问题的规定》及《国家监察委员会移送最高人民检察院职务犯罪案件证据收集审查基本要求与案件材料移送清单》的相关规定。

四是证据形式不合法（合规）。证据形式是指证据的存在方式和程序手续。证据必须符合有关规定和相关法律法规的要求，按照合法合规的审批权限、程序进行收集、提取，不符合要求的要予以补正，无法补正的，将作为非法证据予以排除。

三、审查调查中的非法证据排除

从总体上来讲，《监察法》在法律职责上明确了监察机关是排除非法证据的义务机关，具体到审查调查工作中，各部门要各司其职，明确要求。《监察法实施条例》专门对排除非法证据的各部门的职责、启动程序和处理处置要求作出规定。

（一）明确非法证据排除的主体

纪检监察机关案件审理部门负责依规依纪依法审理涉嫌违纪、职务违法、职务犯罪案件，要严把事实证据关、定性处理关、手续程序关和涉案财物处置关，精准提出审理意见，因此对证据进行审查、排除非法证据是其职责之一。同时，监督检查部门、审查调查部门等在办理案件中，要全过程对证据的合法性进行把关，发现有以非法方式取得的证据，应当主动予以排除。审查调查实践中，往往通过设立证据审核小组或者审核人员，对证据合法收集的情况进行严格把关，同时，也会对相关全程同步录音录像进行检查，发现问题及时解决。

（二）按照规定启动排除程序

一是主动启动。监督检查、审查调查、案件审理、案件监督管理等部门发现审查调查人员在办理案件中可能存在以非法方式收集证据情形的，应当依据职责进行调查核实。二是申请启动。对于被审查调查人控告、举报审查调查人员采用非法方式收集证据，并提供涉嫌非法取证的人员、时间、地点、方式和内容等材料或者线索的，应当受理并进行审核。根据现有材料无法证明证据收集合法性的，也应当进行调查核实。

（三）非法证据的排除与处理

经调查核实，确认或者不能排除以非法方式收集证据的，对有关证据依法予以排除，不得作为案件定性处置、移送审查起诉的依据。认定审查调查人员非法取证的，应当依法处理，另行指派审查调查人员重新调查取证。纪检监察机关接到对下级纪检监察机关审查调查人员采用非法方式收集证据的控告、举报，可以直接进行调查核实，也可以交由下级纪检监察机关调查核实。交由下级纪检监察机关调查核实的，下级纪检监察机关应当及时将调查结果报告上级纪检监察机关。

严格执行非法证据排除规则，有利于强化纪检监察机关内部监督制约，推动严格依规依纪依法开展审查调查，保障被审查调查人的合法权利，确保审查调查案件工作实现政治效果、纪法效果和社会效果的有机统一。

第五节　纪检监察查办案件中的境外取证

当前，在审查调查中经常会遇到相关涉案人员在国外或境外的情况，按照《监察法》《监察法实施条例》以及刑事诉讼的相关规定，要稳妥、有效地做好境外取证工作。

一、境外取证工作的总体要求

境外取证工作的总体要求是尊重主权、平等互利、尊重差异，因国施策、因案施策，依规依纪依法、遵守国际惯例。实际工作中，要在国家监委国际合作局的协助下，通过刑事司法协助、区际司法协助渠道，以及反腐败、警务、移民、反洗钱等执法合作渠道办理涉外案件。

二、境外证人证言的收集与提取

审查调查实践中，对于涉案人在境外的，可以通过稳妥方式做其思想工作，促其入境配合调查，或者由其于境外在自愿的前提下书写自书材料。其中，对书写自书材料的过程应当录制视频，自书材料及相关视频应当由涉案人委托专人带回境内交案件承办部门并在视频中书写《委托书》。受委托人入境后，审查调查人员在全程录音录像的情况下，向受委托人出具《调取证据通知书》，对涉案人委托送达的移动存储介质、自书材料、《委托书》等证据进行拆封、调取，以询问笔录的方式将受委托人接受涉案人委托的事项及送达过程进行固定，调取受委托人身份证、可以证明其行程的机票车票等复印件；现场播放视频并向受委托人出示自书材料、《委托书》，由其辨认、确认视频中是否涉案人本人、自书材料和《委托书》中是否涉案人本人签名。

三、境外书证、物证的收集与提取

由涉案人员提供的产生于境外机构或人员的书证，实践中的做法主要是：第一，被调查人提供来自境外的书证，应当经所在国公证机关证明，所在国的中央外交主管机关或者其授权机关认证，并经我国驻该国使、领馆认证。第二，证人以及证人委托的其他人从境外带回国内的书证，由提供人在书证首页记明从境外提取的过程和总页数，并由提供人和2名以上调查人员签写姓名、日期，由提供人逐页捺指印，同时由调查人员对获取证据的过程作出书面说明并签名。第三，被调查人、证人或其委托的人采用邮寄等方式发回国内的书证、物证等实物证据，由调查人员对获取证据的过程作出书面说明并签名。需要说明的是，对被调查人提供的自书材料和书证等证据材料，履行上述公证、认证程序；对证人提供的作为主要证据使用的前述证据，如有条件尽量履行上述公证、认证程序。

实践中如确有特殊情况，在符合现有规定精神的前提下，可由审查调查部门、案件审理部门与最高人民法院、最高人民检察院有关部门充分论证、沟通一致，针对个案慎重采取其他适当的方式。

第六节　纪检监察证据的流转

一、相关单位所取证据之间的使用和转换

（一）刑事案件证据的使用

对于公安机关、司法机关在办理刑事案件中收集的各类证据，如经生效裁判文书确认，可直接作为纪检监察机

关认定相关违纪违法事实的证据使用；如尚未经生效裁判文书确认，需要作为认定相关违纪违法事实的证据使用的，纪检监察机关应进一步审核，必要时应对部分证据或全部证据重新取证。

（二）行政执法案件证据的使用

对于公安机关或其他行政执法机关在行政执法工作中收集的物证、书证、视听资料、电子数据、鉴定意见、勘验检查笔录等，经审核后，可以作为纪检监察机关认定相关违纪违法事实的证据使用；但对其取得的本人供述和证人证言，纪检监察机关需要重新取证才可作为认定相关违纪违法事实的证据使用。

（三）其他纪检监察机关证据的使用

对于其他纪检监察机关或派驻机构在查办案件过程中收集的物证、书证、视听资料、电子数据、鉴定意见、勘验检查笔录等，经审核后，可以作为本纪检监察机关认定相关违纪违法事实的证据使用；对于其他纪检监察机关或派驻机构在查办案件中收集的本人供述和证人证言，本纪检监察机关原则上需要重新取证才可以作为认定相关违纪违法事实的证据使用，但因客观原因难以重新取证的，也可以与其他证据进行综合分析甄别后作为证据使用。

（四）本纪检监察机关证据的使用

对于纪检监察机关查办案件过程中已调取的各类证

据，可以在本纪检监察机关查办的其他案件中作为证据使用。

（五）委托调查证据的使用

立案调查后经按程序报批，纪检监察机关委托派驻机构或下级纪检监察机关调取的各类证据，与本机关直接调取的证据具有同等效力，对委托取证的相关文书应一并入卷。

对上述各类证据，纪检监察机关在审查认定过程中，均应严格审核把关，证据不足或需要补证的，应补充调查取证。

二、审查调查证据材料组卷与移送

依据纪检监察机关档案管理有关要求以及职务犯罪移送审查起诉的相关规定，审查调查结束后须将有关证据材料装订组卷移送审理部门，对涉嫌职务犯罪的还要按照审查起诉要求办理。一般而言，案卷可分为主卷、综合卷、证据卷、附卷、移送卷5类，其中前4种类型案卷主要为办理被审查调查人违纪违法问题所产生的材料，移送卷为办理被审查调查人涉嫌犯罪问题所产生的材料。

（一）主卷

主卷是案卷最主要、最核心的部分，反映整个审查调查工作的主要脉络，包括审查调查依据材料、被审查调查人主体身份材料、初核材料、立案及采取措施的程序性材料、重要阶段性情况报告、审查调查报告、移送审理的请示、违纪违法事实材料、党纪政务处分材料、被审查调查人的忏悔反思材料、剖析材料、以案促改材料、移送司法机关的相关程序材料、相关新闻报道以及其他属于审查调查工作主要脉络的重要材料等。

以上材料无须分别独立成卷，可根据材料多少及案件推进的逻辑、时间顺序组合立卷。

（二）综合卷

综合卷主要是审查调查工作中产生的综合事务性文件，包括组织机构和工作人员材料、审查调查工作总结、涉案财物相关材料、案情专报类材料、工作函件、使用相关措施手续材料以及其他不属于审查调查工作主要脉络但必须归档的综合事务性材料等。

卷内材料按事由及时间顺序排列，即先按各类事由分开，同一事由下的材料再按时间及逻辑顺序排列。

（三）证据卷

证据卷用于收存与审查调查报告中所列违纪问题一一对应的证据材料，包括笔录、自书材料、书证等以及为收集这些证据而产生的手续性材料。

参考审查调查报告中所列问题的排列顺序，将材料按问题分开后，按逻辑和时间顺序排列。基本原则是按人按事独立分卷，卷内文件排列一般先言词证据，再书证。其中，单人单笔事实的，按照证据种类装订，被审查调查人陈述、供述和辩解、亲笔证词、证人证言、书证等独立成卷；单人多笔事实的，按照待证事实装订，证明同一笔事实的证据装订在一起，同笔事实的证据按照证据种类装订；多人多笔事实的，按照先人再事的方式装订，每本案卷涉及多人、多笔情形的，应在各笔事实证据材料之间用隔页纸加以区分。需要注意以下问题：

（1）证据卷中不收入移送司法机关的涉罪证据材料。

（2）证据材料在分卷时，要尽量和审查调查报告逻辑统一，与报告列举的违纪违法问题形成一一对应。

（3）涉案财物照片除了整体归入综合卷中的涉案财物卷外，还应归入对应问题的证据卷，与物证辨认笔录放在一起。

（4）补充证据材料按问题分开并单独组成补充证据卷。需要被补证的证据卷，应在“备考说明”栏中注明补充了何种证据并归于第几号卷。

（5）证据中有电子数据的，应转化为纸质入卷，不可转化的，应以光盘为载体入卷。入卷的每单片光盘以塑料光盘套装好后放入信封中，粘贴于 A4 纸上装订入卷，并在卷内目录和备考表中说明光盘入卷的情况。

（四）附卷

附卷用于收存不宜放入前三种类型案卷，又具有一定保存参考价值的材料，包括案件相关的历史材料、综合照片材料、有必要归档的其他材料等。附卷一般不需要移送审理。

（五）移送卷

移送卷主要由移送司法机关的被审查调查人主体身份材料、法律文书材料、涉罪证据材料三部分组成，包括被审查调查人主体身份、任免职文件、户籍信息等材料；被审查调查人立案、留置等法律文书材料；被审查调查人《讯问通知书》《权利义务告知书》等材料；涉案人立案、留置等法律文书材料；涉案人涉嫌其他犯罪立案登记表、监视居住等材料；涉案人《询问通知书》、《权利义务告知书》、身份信息材料；涉案财物搜查、查封、扣押、冻结手续及有关询问笔录等；综合笔录（包括被审查调查人讯问笔录、自书材料等）；证据材料（包括言词证据、书证等，一般情况下对应审查调查报告排序的职务犯罪问题分列，查询法律文书、调证法律文书随对应的书证材料入卷）。

涉罪证据材料卷宗装订一般以待证事项为类划分：

（1）单人单起事实的，按照证据种类装订，如按照法律手续，主体证据，被调查人陈述、供述和辩解、亲笔供词，证人证言，其他书证等单独成卷。

（2）单人多起事实的，按照待证事实装订，证明同一待证事实的证据装订在一起，同起事实的证据按照证据种类装订。

（3）多人多起事实的，按照先人再事的方式装订，构成共同犯罪的，按照先共同犯罪、再单独犯罪的方式装订。每本卷宗中涉及多人、多起情形的，应在各起事实证据材料之间用隔页纸加以区分。

（4）被调查人笔录装订在一起更适于工作的，可以不受前述限制。

（5）装订卷宗时，应标明卷宗序号、卷宗目录，卷宗页码应明确清晰。

（6）对于涉及国家秘密、商业秘密或者个人隐私的证据以及其他不适于公开的材料，应单独成卷，并做好相应的保密工作。

此外，待法院判决后，还应及时整理形成起诉审判卷，包括因退回补充调查形成的材料，对证据收集的合法性进行说明的材料，监察机关与检察机关沟通协商有关事项形成的材料，判决书，法院退回的移送审查起诉案卷材料原件，其他与公诉、审判有关的材料，等等。